数字化赋能乡村振兴的理论与实践

何佳晓 ⊙ 著

西南交通大学出版社
·成都·

图书在版编目（CIP）数据

数字化赋能乡村振兴的理论与实践 / 何佳晓著. -- 成都：西南交通大学出版社，2024.10. -- ISBN 978-7-5774-0127-0

Ⅰ. F320.3-39

中国国家版本馆 CIP 数据核字第 2024D1L425 号

Shuzihua Funeng Xiangcun Zhenxing de Lilun yu Shijian
数字化赋能乡村振兴的理论与实践

何佳晓 / 著

策划编辑 / 黄庆斌
责任编辑 / 吴启威
责任校对 / 左凌涛
封面设计 / 墨创文化

西南交通大学出版社出版发行
（四川省成都市金牛区二环路北一段 111 号西南交通大学创新大厦 21 楼　610031）
营销部电话：028-87600564　　028-87600533
网址：http://www.xnjdcbs.com
印刷：成都蜀雅印务有限公司

成品尺寸　170 mm×230 mm
印张　12　　字数　175 千
版次　2024 年 10 月第 1 版　　印次　2024 年 10 月第 1 次

书号　ISBN 978-7-5774-0127-0
定价　68.00 元

图书如有印装质量问题　本社负责退换
版权所有　盗版必究　举报电话：028-87600562

前言
FOREWORD

全面推进乡村振兴是新时代建设农业强国的重要任务。2024年中央一号文件《中共中央 国务院关于学习运用"千村示范、万村整治"工程经验有力有效推进乡村全面振兴的意见》提出有力有效推进乡村全面振兴"路线图",明确要"提升乡村产业发展水平、提升乡村建设水平、提升乡村治理水平"。我国数字经济与农业农村的融合为乡村发挥优势、弥补短板带来契机,在推动农业发展和农民增收方面已取得显著成效。随着数字中国战略的纵深推进,我国农村互联网普及率不断提升,农村电商等数字化应用场景持续迭代和拓展,农村经济社会各个领域数字化转型加速,这将有力驱动乡村发展模式的变革,为乡村高质量发展注入新动能。在此背景下,研究如何以数字化赋能乡村振兴有着重要的现实意义。

本书是国家社会科学基金西部项目"农村电商推动山区乡村振兴的机理与路径研究"（21XGL003）的阶段性成果。主要运用文献研究、计量研究、案例研究、政策研究等方法,对数字化赋能乡村振兴的理论与实践开展研究。全书共五章:第一章数字化赋能乡村振兴的理论研究,对数字化赋能乡村产业、乡村生态、乡风文明、乡村治理、生活富裕的相关理论与文献进行分析,为本书的研究奠定理论基础。第二章我国数字化赋能乡村振兴的情况,对我国农业农村发展的情况及面临的困难和问题、数字化赋能乡村振兴的情况及存在的问题等内容进行分析。第三章数字化赋能乡村振兴的效应分析,开展我国数字化对乡村振兴的总体影响分析以及东、中、西部地区异质性分析,明确全国层面和区域层面数字化赋能乡村振兴的效应。第四章数字化赋能乡村振兴的案例研究,选取重庆、贵州、云南等地区的典型案例,剖析数字化赋能乡村产业、乡村文化、乡村治理的主要举措、赋能模式、需关注的问题及突破方向。第五章数字化赋能乡村振兴的路径研究，结合前面理论与实证的研究结论，提出我国数字化赋能乡村振兴的主要途径及对策措施。

  本书的创新主要体现在三个方面。一是本书围绕产业、生态、文化、治理、农民生活等方面开展研究，较为全面地反映我国数字化赋能乡村振兴的情况和问题，可为今后相关领域的研究提供参考。二是本书开展了2010年以来我国数字化对乡村振兴的总体影响分析以及东、中、西部地区异质性分析，丰富了已有研究，且相关结论能为进一步深化数字化赋能乡村振兴提供依据。三是由于我国东部地区与西部地区数字经济发展水平差距较大，东部地区数字化与农业农村融合的时间更早、程度更深，并涌现出了一批成功案例，为此现有研究对东部地区数字化赋能乡村的关注度较高，对西部山区实践探索的案例分析相对较少。但东西部经济发展程度、乡村本底条件、乡村产业情况、生态文化资源的差异，使得东部经验往往难以直接套用于西部。因此，本书以对西部地区的长期调查研究为基础，重点选择一部分具有代表性的案例实施深度剖析，旨在为地方尤其是欠发达山区形成可复制、可推广的模式提供借鉴。

  本书在写作过程中参阅了大量的国内外文献，这些学者的研究成果对本书的撰写提供了很大帮助，在此感谢所有被引文献的学者。需要指出的是，由于作者研究时间和水平有限，本书尚存在诸多不足之处，恳请有关专家和学者给予批评指正。

作　者

2024年9月

目 录
CONTENTS

第一章 数字化赋能乡村振兴的理论研究 ……… 001
  第一节 数字化赋能乡村产业的理论研究 ……… 002
  第二节 数字化赋能乡村生态的理论研究 ……… 007
  第三节 数字化赋能乡风文明的理论研究 ……… 012
  第四节 数字化赋能乡村治理的理论研究 ……… 015
  第五节 数字化赋能生活富裕的理论研究 ……… 020

第二章 我国数字化赋能乡村振兴的情况 ……… 027
  第一节 我国农业农村发展的情况及制约因素 ……… 028
  第二节 我国数字化赋能乡村振兴的情况及主要问题 ……… 038

第三章 数字化赋能乡村振兴的效应分析 ……… 051
  第一节 数字化和乡村振兴水平测度 ……… 052
  第二节 数字化对乡村振兴影响效应分析 ……… 065
  第三节 数字化对乡村振兴影响的进一步分析：
        空间溢出效应和门槛效应 ……… 088
  第四节 数字化与乡村振兴耦合协调分析 ……… 102

第四章 数字化赋能乡村振兴的案例研究 ……… 113
  第一节 重庆山区库区数字化赋能发展富民柑橘产业 ……… 114
  第二节 贵州黔东南州数字化赋能非遗传承和乡村发展 ……… 129
  第三节 云南楚雄州数字化赋能乡村治理 ……… 144

第五章　数字化赋能乡村振兴的路径研究 …………… 159
第一节　加大农村数字基础设施建设 ……………………… 160
第二节　大力发展智慧农业 ………………………………… 161
第三节　推动农村电商高质量发展 ………………………… 163
第四节　提升农村生态环境保护数字化水平 ……………… 166
第五节　加快"数字化+公共服务"发展 ………………… 167
第六节　以数字化助力提升乡村治理效能 ………………… 170
第七节　建立防返贫智能化监测和精准化帮扶 …………… 171

参考文献 …………………………………………………… 173

第一章

数字化赋能乡村振兴的理论研究

第一节 数字化赋能乡村产业的理论研究

一、数字农业相关理论与文献研究

数字农业（Digital Agriculture）于20世纪90年代提出，被认为是地学空间和信息技术下的集约化和信息化的农业生产和管理技术。数字农业一经提出就得到学者们的广泛关注。Kumbhakar S C（2009）提出在互联网和物联网技术的运用下，通过数据分析、云计算、动态农业环境监测可以达到农业智能化。随着国内数字农业的应用和推广，学术界加大了相关研究。

（一）数字农业的内涵和特征

周清波等（2018）指出数字农业是通过运用数字技术对农业、农业周边环境、农业全过程进行可视化处理、数字化管理的现代农业。葛佳琨等（2017）分析了数字农业的内涵，提出数字农业是在地学空间和信息技术等高新技术支撑下的集约化和信息化的新型农业模式，是将全球定位系统（GPS）、遥感（RS）、地理信息系统（GIS）、计算机技术、网络技术等与土壤学、植物生理学、植物营养学、农学、生态学等多学科有机地结合起来，在农业生产过程中对农作物的生长发育状况、营养情况、水分利用情况、病虫害情况等进行信息的获取，建立空间信息库，通过对大数据的处理，建立相关模拟模型，实现促进资源的合理利用，提高作物产量，改善产品品质，保护生态环境。钟文晶等（2021）对数字农业的技术特性进行分析，指出数字农业具有技术依赖性、数据中心性和能力匹配性等特性，这些特性使其对现代农业体系转型产生作用，但同时也带来了投资不足、失业、数字鸿沟[①]和侵犯数据隐私等问题。

---

① 数字鸿沟（digital divide），是指在全球数字化进程中，不同国家、地区、行业、企业、社区之间，由于对信息、网络技术的拥有程度、应用程度以及创新能力的差别而造成的信息落差及贫富进一步两极分化的趋势。它是经济和社会发展矛盾在数字时代的集中反映。

(二）数字农业发展情况

李凌汉等（2023）提出"政策支持力度"是实现高程度数字农业的必要条件，"农业数字信息运用水平"和"数字基础设施完善程度"是数字农业实现的充分条件，地方政府与数字农业生产经营者之间耦合互动，对驱动数字农业发展起到关键作用。周恩宇等（2024）从数字农业基础设施、数字农业发展转型、数字农业产业化水平、农业数字化水平四个维度构建了数字农业评价体系，通过实证分析得出，2015—2021年期间，我国数字农业发展水平逐年提升但整体偏低，且空间上呈现出"东高、中次、西低"的区域分布格局，区域"马太效应"明显，同时数字农业发展重心整体呈现由西北向东南移动的特征，整体发展离散性小，空间分布上较为集聚。

(三）数字农业的影响效应

数字农业的大力发展，能促进农村"产业兴旺"新发展模式转化升级（蒋团标等，2024），通过提高生产效率、优化资源配置、提升产品质量等多方面的作用，成为推动乡村产业振兴的重要驱动力。数字农业提高了农业劳动生产效率（曹菲，2023），通过信息技术创新为农村经济提供高质量的农产品和农业服务，促进农村经济发展，同时将"互联网+"与传统农业相结合，实现向生态农业、旅游农业、电子商务农业及休闲农业方向发展，促进农村经济一二三产业的协调融合及全面转型。

二、农村电商与乡村产业相关理论与文献研究

乡村地理位置偏远，信息基础设施建设成本高，城乡信息分化问题突出，使得农业发展处于竞争劣势。农村电商通过互联网、大数据等现代信息技术的应用，搭建农产品交易平台，在集成信息、匹配供需方面有着天然的优势。闫广实（2024）对2009—2021年我国省际面板进行实证分析得出，农村电商通过改善地区消费结构能够达到提升乡村经济韧性的效果，其中消费结构高级化指数的中介效应显著有效，东部、中部、西部农村电商影响乡村经济韧

性具有区域异质性。

（一）农村电商助力建立山区农特产品市场信任

在农村电商发展和助力乡村产品网销方面，信任理论是其所涉及的重要理论之一。关于信任理论，国内外学者从多个角度进行探讨。Georg Simmel在《货币哲学》一书中从信任的视角对金钱这种制度化象征物作了深刻的分析，认为信任是个体交换和维系社会发展的条件，个体间的互动是社会网络的起点，而占支配地位的互动形式或社会关系是交换，交换并不仅仅存在于有货币参与的经济领域，社会交往本身也是一种交换，每次互动都可以视为一次交换。Deutsch（1958）指出，信任既涉及动机相关性概念，同时也涉及可预期性概念，单纯用"可预期性"并不能充分揭示日常生活中信任的含义和特点，主张从心理预期与行为反应两个角度理解信任，指出"个体对某事件发生的信任是指：他预期某事件会发生，并根据预期采取相应行动，同时他明白如果事件没有像预期般发展，该行动所可能产生的坏结果比事件如期出现所可能带来的好结果大"。信任产生的前提是对对方的可靠性和诚实度具有高度的信心，特别是相信企业机构会遵守承诺并履行职责（Chenet, 2010）。Luhmann 从心理、行为、关系等角度对信任进行全面分析，指出信任是指对某人期望的信心，但这并不是说日常生活中所有的期望都是信任，而是"只有那些与行为有关的期望才包含信任，而且即便是在后者当中，也只有那些人们借以对自己的行动做出承诺，要是它们没有实现，人们将懊悔自己的行为的期望，才真正包含着信任"。胡百精（2015）把信任具体划分为基本信任、人际信任和系统信任，指出基本信任是人在社会化过程中逐渐形成的一种心理机制和人格特质；人际信任则是一种社会关系；系统信任的对象是抽象、专业化的原则、规范、符号、程序或契约。对农村电商而言，首先，农村电商的发展，将农产品供给和需求信息有效对接，降低传统农产品销售渠道成本，将山区农产品推向市场。其次，电商平台通过对山区农产品信息、消费者评价信息的传递和售后机制的构建（何佳晓等，2020），逐步建立起消费者信任，推动农产品销售的可持续性。再次，直播电商等新业态、新模式的发展，更为深入地构建信息交互机制，直播中介的身份特征和在线社会关系网络属性使得农产品电商直播交易模式比传统电商交易模式在降低信息不对称、强化消费者信任方面具有更突出的能力（熊雪等，2021），在撮合农产品交易成功方面成效显著。农产品网络销售渠道的拓展，有力促进农民增收。贾超（2023）对我国 2014—2020 年全国县级面板数据进行分析，构建双向固定效应模型和中介效应模型进行实证检验后，指出农村电商发展对农民增收具有显著的推动作用，并且农村人力资本在农村电商发展提高农民收入中存在显著的中介效应。

（二）农村电商从供给端助推山区农业发展

首先，农村电商产业有助于集聚资源，以更为合理的方式调度农村各类资源（宫中怡等，2022），通过资源优化配置推动农业快速发展。农村电商的发展提升山区农资供应的便利性，同时农村电商通过对农技服务的网络化供给改造，建立农业科研机构、农技推广人员、农业经营主体之间信息化沟通机制（王小莉，2023），为调整农业结构、推动农业标准化生产、发展绿色低碳农业提供技术支持。其次，农村电商以需求端刺激和引导山区农产品供给的优化。电商平台汇集的市场需求信息，成为指导山区农业发展的依据。山区村庄统筹规划物理空间中散小的地块发展农业，一定程度地缓解土地零碎所带来的不利影响。同时，电商平台消费者评价作为重要的购买后行为，是消费者对商品和服务的综合体验感的信息呈现（白丽，2021），为进一步提高农产品生产和经营管理水平提供方向指引。农村电商将市场需求的信息细分，有助于发展个性定制和品牌打造（郭朝先，2023），进而减少农业市场风险，提升产品价值。

三、数字普惠金融与乡村产业相关理论与文献研究

自 Macmillanh（1931）提出"麦克米伦缺陷"，奠定了小规模企业融资研究理论基础后，国内外学者开展了大量的研究，探讨小微企业融资困难的成

因、中小企业融资模式，等等。新型农业经营主体在发展乡村产业中，融资约束一直是其面临的重要难题。随着互联网技术的进步，越来越多的学者对互联网与小微融资、"三农"融资进行了研究，认为数字普惠金融通过互联网技术、移动支付、大数据分析等手段，使金融服务变得更加便捷和高效，降低了金融服务门槛，拓宽了产业融资渠道，为乡村产业发展提供了关键支持。

（一）信息不对称与小微信贷

信息不对称使得小微信贷信用缺失，其引发的信贷风险不可控，造成了小微企业融资困难。Stiglitz&Weiss（1981）提出，信息不对称普遍存在于金融市场中，由于逆向选择与道德风险会使信贷市场里的信贷配给现象长期存在，正规金融机构放弃了对实际还款能力不能进行准确辨别的借款主体。而互联网方便了信息资源的流动，给主要经济体间的互动提供了方便，还为经济主体在市场中占据地位提供了有利的优势（Economides，2001）。林毅夫（2014）指出现代金融的主要问题是信息不对称，资金使用者和资金拥有者信息不对称，解决这个问题的方式就是增加信息的拥有度，减少贷款风险，可以依靠信息互联网化来达到目的。

（二）数字普惠金融缓解企业融资难题

导致小微企业在信贷市场较难满足资金需求的最重要原因是小微企业普遍缺乏市场认可的信用评级，互联网金融融资模式相对其他融资模式，在信用评级的审核上要更加宽松（Hauswald & Agarwal，2008）。通过相关企业联保捆绑模式，参与联保的企业相互约束限制，可以一定程度上降低贷款的信用风险，这在某些国家实行的网络联保模式对解决小微企业融资难起到一定作用，因为网络联保的企业捆绑比企业单独向银行贷款更利于认可（Duarte& Siegel，2010）。国内学者在缓解小微企业融资困境方面也做了大量的研究，如农村小微金融研究（王钦广，2014；张幼芳，2015）、小微企业融资公共政策研究（罗仲伟，2012；贾康，2013；刘尚希等，2014）等。王馨（2014）基于长尾理论对互联网金融助力解决小微企业融资困境进行研究，认为互联网金融企业可以基于帕累托分布的需求曲线理论，构筑小微企业等长尾市场金融运营。田霖等（2023）、刘亚娴等（2024）均提出了数字普惠金融促进农企发展的研究结论，认为数字普惠金融发展能够通过降低融资成本、提高信息透明度等机制缓解涉农企业融资约束。其中田霖等指出数字普惠金融对加工服务业企业融资约束的缓解作用大于养殖种植业企业，刘亚娴等指出数字普惠金融对低负债水平和弱盈利能力农业企业高质量发展的促进作用更为明显。

（三）数字普惠金融助力乡村产业发展

首先，数字普惠金融促进农业发展。谭前进等（2023）、李锦等（2024）研究了数字普惠金融对农业高质量发展的影响，均得出数字普惠金融显著促进我国农业高质量发展的结论。前者指出在信息基础设施发展水平高的地区，数字普惠金融赋能农业高质量发展的效应更大。后者指出数字普惠金融覆盖广度对粮食产业高质量发展的促进作用大于使用深度，数字普惠金融对粮食生产环节高质量发展的提升作用大于加工、流通、销售环节，数字普惠金融对主销区粮食产业高质量发展的推动作用优于主产区和产销平衡区。其次，数字普惠金融与农村一二三产业融合发展。韩锦绵等（2023）通过对我国2011—2019年的省级面板数据的测算，得出我国东部地区数字普惠金融的覆盖广度、使用深度均能推动农村产业融合水平提升，但在中西部地区数字普惠金融对农村产业融合的影响不显著的结论。

第二节　数字化赋能乡村生态的理论研究

一、数字化与农村生态文明建设相关理论与文献研究

（一）农村生态文明建设

邵光学（2022）指出，农村生态文明建设经历了萌芽探索阶段（1921—1977年）、制度开启阶段（1978—1991年）、战略推进阶段（1992—2001年）、框架完善阶段（2003—2012年）、精准发力阶段（2013年至今）。张董敏等

（2020）从生态产业、生态人居、生态文化、能力保障四个方面构建农村生态文明水平评价指标体系，将重庆和湖北的生态文明先行示范区农村作为实验组，其他普通区农村作为参照组，通过分析后认为先行示范区农村生态文明总系统水平显著高于普通区，但子系统中生态产业水平却低于普通区，因此各区应根据自身特色与优势来发展农村生态文明。

（二）数字化助力农村生态文明建设

学者们认为以数字化助力农村生态文明建设已具有很强的现实性，要加快建立农村生态环境信息资源共享和监管大数据平台，完善农业资源环境和农业面源污染监测预警系统，运用无人机、卫星遥感、App、大数据等高新技术设备手段及时发现和处理农村生态环境破坏问题，并通过农村生态环境治理绩效评价与问责激励制度，以科学评价机制和奖惩机制为农村生态文明建设提供保障（杜强，2019；司林波，2022）。

二、数字化与农业绿色生产相关理论与文献研究

农业绿色转型发展是解决我国农业问题的根本出路，我国农村数字经济与农业绿色发展耦合水平差异在2014—2020年经历"缩小—平稳—增大"的过程（费威等，2024），需要加大数字化在绿色农产品品牌建设、农户绿色生产行为形成、农业绿色全要素生产率的提升方面的赋能作用。

（一）数字化促使农户形成绿色生产行为

我国很多长期关注农业生产的学者围绕科学栽植方法（何洪麟，2021）、病虫害绿色防控（罗怀海等，2008；宾莉，2014；冯清，2021）、施肥管理（胡瑞忠，2018；王骏，2020）等开展研究，认为推动农户绿色生产行为是农业绿色化转型的关键。推动农业绿色化发展，需要从农户知识能力、市场环境的感知、政府激励和政府规制等方面入手，影响农户的行为态度、主观规范和知觉行为控制（李紫娟等，2018），进而促使农户形成绿色生产行为。一方面，数字技术的应用促进了农户绿色生产行为的形成。以病虫害绿色防控技

术为例，农户在生产过程中规范使用该技术是有效解决农药过量低效使用、保护生态环境、实现传统化学防治向现代绿色防控转变的重要途径。学者们普遍认为互联网的使用可以提升农户对病虫害绿色防控技术的采纳率，曾俊霞（2023）在此基础上通过细化研究，进一步提出有互联网生产性使用的职业农民病虫害绿色防控技术的采纳概率更高。这也说明政府应加大互联网使用的培训，让更多的农民学会使用互联网。另一方面，数字经济催生的新型经济金融形态促进了农户绿色生产行为的形成。一部分学者验证了数字经济发展对农户采用绿色生产技术的促进作用，如参与电商通过提升产品价格预期、提升经济收益水平、提升信息获取能力、追求正向社会评价四条路径来影响种植户的绿色生产技术采纳（李晓静等，2020）；数字金融能够通过提高借贷可得性、信息可得性和风险承担水平促进农户采用绿色生产技术（李家辉等，2022）。因此，需要加大农村宽带网络建设，搭建数字网络服务平台，村集体鼓励村民自发建设网络互助组，农户自主学习网络操作技术，利用好数字媒介在乡村发展中的重要作用，不断创新信息传播渠道和生产行为监管方式，加快构建绿色生产技术推广体系（张琳等，2023；喻立凡等，2024），引发农户绿色生产行为。

（二）数字化助力绿色农产品品牌建设

绿色农产品品牌建设是推进农业绿色转型的重要环节，但学者们通过调查研究指出，我国不少农特产品主产地仍存在品牌意识淡薄、质量参差不齐、创意不强、个性化缺乏、质量追溯体系不健全（刘晓芬等，2013；王文龙，2016；董银果等，2022）等问题。王建明（2024）指出绿色品牌的信息载荷量是影响消费者购买与否的关键线索，绿色信息载荷量对消费者品牌信任的影响曲线呈倒U形，同时绿色信息载荷量对绿色品牌信任的作用受到消费倾向、加工能力和思维方式的影响。不少学者针对具体的农业生产领域开展研究，如陈雨生等（2019）指出利用"互联网+农业"发展方式能有效培育海水稻大米绿色品牌，赵晓华等（2014）指出普洱茶生产过程的数字化发展，能剔除可能存在的微量重金属、农药残留及杂质，生产出纯天然、洁净、安全、便捷的健康饮品。

（三）数字化与农业绿色全要素生产率

互联网等数字技术的应用激发农业技术创新，通过风险感知路径、信息获取路径和社会互动路径促进农业绿色生产技术的应用（彭新慧等，2022），加速了城乡间信息、资本等要素的流动而促进农业生产基础条件的改善，推动农业向集约化生产的转型和农业生产成本的降低，减少资源浪费，提升农业绿色生产效率（倪学志，2018），这些将对农业绿色全要素生产率产生影响。蒋团标等（2024）通过实证分析，指出数字经济促进了我国东部地区、秦岭—淮河线两侧地区和胡焕庸线东南侧地区的农业绿色全要素生产率，明确土地集约经营效率进一步提升了数字经济对农业绿色全要素生产率的促进效果。部分学者通过实证分析，验证了数字乡村建设对农业绿色全要素生产率提升具有正向促进作用。郭海红等（2023）对我国省级行政单位进行分析，指出数字乡村建设可通过缓解劳动力资源错配、土地资源错配以及资本资源错配程度，而间接促进农业绿色全要素生产率提升。杜建军等（2023）对我国县级行政单位进行分析，提出数字乡村通过推动农业经营主体规模经营、农业信息化发展两个途径促进农业绿色全要素生产率。

三、数字化与农村人居环境相关理论与文献研究

农村人居环境直接关系农民的生活质量，也是维系农村社会稳定、化解新时代社会主要矛盾的重要内容。我国学术界关于人居环境的内涵界定起源于20世纪90年代吴良镛对人居环境的定义。人居环境是指人类居住的地方，是与人类生存活动密切相关的地表空间，是人类在大自然中赖以生存的基地，是人类利用自然、改造自然的主要场所。近年来，学者们主要围绕农村人居环境质量、农村人居环境治理等开展研究。

（一）农村人居环境质量

陈浩天等（2024）从化肥污染、农药污染、垃圾污染、降解物污染、卫生污染五个方面构建人居环境污染指数，并从环境修复和再生资源利用两个

方面构建人居环境建设指数，通过我国人居环境治理效能的整体水平和绩效差距进行测度，指出2008年以来我国农村人居环境综合指数逐渐上升，其中环境建设和环境污染治理同步增效。许敬辉（2023）围绕农村生态环境、农村基础设施、农村公共服务、农村居住环境、农村经济环境五个方面构建了农村人居环境评价指标体系，通过分析得出我国农村人居环境水平呈现从西向东阶梯递增空间分布的结论。

（二）数字赋能农村人居环境多元主体治理

农村人居环境治理存在目标繁杂化、碎片化的系统性问题，治理的过程中需要多元主体共同配合。一方面，农村人居环境数字化治理本质上需要吸纳多元利益相关主体参与共治，这推动政府从资源与权力的主导角色逐步向多元治理主体的组织者的角色转变，有助于政府、市场、社会多元主体有效合作，重塑农村人居环境治理格局，促进各方治理价值融合。另一方面，数字技术的驱动可使农村人居环境治理行为在很大程度上实现便捷化、标准化、数据化、可视化，同时借助短视频或影视资料向村民传递环保理念，也利于在地方文化和环境治理实践之间建立一种良性的、有机的传递与联结方式，这些都有助于拓宽相关利益主体参与边界，推动农村人居环境治理从单一主体趋向多元主体的合作（沙垚，2019；高榕蔚等，2023；张云生等，2023；贾文龙，2024）。

（三）农村人居环境数字化平台建设

数字化能发挥数字技术万物互联的特性，通过搭建数字平台，实现数字赋能和数字赋权（张诚等，2023）。提升农村人居环境整治效能，应从加强数字化平台建设所需的技术支撑和人才支撑、优化数字化平台数据分析功能和与用户之间的互动功能、完善数字化平台的信息安全监管体系三个方面（曹海晶等，2022），完善农村人居环境数字化平台。现代农村生态治理要借助数据分析平台，形成政民共治的监管格局（姚翼源等，2021），对农村人居环境实施实时监管和有效治理。

第三节 数字化赋能乡风文明的理论研究

一、数字化与农村思想道德建设

农村思想道德建设是指在农村思想领域范围内更新观念，消除旧风陋习，鼓励人们从心中培育向上向善、孝老爱亲、忠于国家、忠于人民的美好品德，并使之内化成为群众心中的坚定信念，激发农业生产建设的积极性和创造性，推动农村物质文明和精神文明建设（石文祥等，2019）。要加大新时代农村思想道德建设实效的载体设计，其中重要环节就是依靠新媒体技术，打造新传播平台，展现新乡情、新村貌、新风尚，用鲜活的形式把新时代思想道德建设的内容传递给农民群众（包艳君，2023）。

二、文化传承发展相关理论与文献研究

（一）数字化与乡土文化传承发展

在城乡二元结构体制背景下，乡村文化逐渐被边缘化而成为一个缺少精神内涵的符号集合，乡村居民对自身的文化系统产生了怀疑，导致青年群体对乡村文化失去了认同（刘玉堂等，2020）。数字技术在乡村社会的渗入，使得乡村传统文化资源在数字化技术、虚拟现实技术推动下转化为数字文化资源，便于乡村文化的保存和开发，同时数字媒介为乡村提供多种信息资源，丰富了乡村文化，在实现文化增量的同时，盘活了乡村文化存量，使具备一定数字素养的村民能够挖掘乡村深藏的文化、拓展其内涵并通过相关技术和平台展现出来（孙华，2022；刘镇等，2022）。其中，表现比较突出的主要有涉农纪实影像、"三农"短视频、直播电商等。涉农纪实影像在记忆书写乡土朴质本色和自强精神的过程中，通过对乡愁和怀旧的疗愈、对多维冲突的疗愈、对他者体验的供给，能够对传统与现代、城市与乡村、新与旧、代际、古今之间的文化差异有一定的弥合作用（马梅，2023）。"三农"短视频作为现实乡村空间与网络虚拟空间互动关系的重要展现，经由网络空间媒介发挥

了激活乡村文化的作用，包括方言文化的数字化激活、田园文化的数字化打造、乡俗文化的数字化传播（张荣，2022）等方面，朱飞虎等（2022）通过研究认为"三农"短视频的核心价值集中于乡村文化振兴的数字阵地，指出其发挥了"坚定乡村文化自信的发力点、引导乡村文化现代化的切入点、推动农村文化产业向乡村文化产业转型的关键点"三大作用。直播通过多种的表现形式和创作方式，将乡村文化传播和文化产业建设与直播传播方法和理念融合，在高效传播乡村文化的同时，也为乡村文化注入新的活力（安楠，2023）。

（二）数字化与非遗文化传承发展

乡村非遗作为乡村文化、乡风乡俗、乡容乡貌的独特标识，以其文化机能瞄向乡民文化生活从而调适人与人、人与社会的关系。而乡村非遗的文化内涵与精神文明相协调所展现出来的独特的乡村审美，表现了乡民的生存愿望、生活情愫和理想追求，因此加大乡村非遗的保护和创新，能为乡村振兴注入文化活力，促进乡风文明（陈志娟等，2022；王振艳等，2023）。首先，数字技术能推动非遗的保存和应用。许鑫等（2014）、翟姗姗等（2019）对非遗数字资源的长期保存和数据应用的问题和策略开展研究。朱佳慧等（2022）构建非遗数字媒体资源本体组织模型，并将南京剪纸的数字媒体资源作为研究对象开展模型应用研究，实现了非遗数字媒体资源的知识发现。郭倩倩等（2023）提出搭建"交互式"非遗文化资源库，构建基于"互联网+文化IP"，集非遗文化研究、非遗文化传播、非遗文化体验和非遗衍生产品推广于一体的生态闭环模式。其次，数字技术能推动非遗的创新。袁臣辉等（2024）指出将传统非遗技艺与现代数字科技相结合，有助于重塑乡村非遗文化版图的新边界。以元宇宙为例，刘中华等（2023）指出元宇宙通过"映射与孪生（基础层、软件层）""开放与编辑（数据层、算法层、治理层）""确权与社交（激励层、应用层）"三阶段七层级所组成的关键技术的应用，能生成数字非遗新场域，重塑非遗的传播、保护、传承和产业化等全流程环节，颠覆人们对传统非遗文化的认知。

三、乡村公共数字文化相关理论与文献研究

（一）数字化与公共文化服务均等化

数字化发展有助于提升农村公共文化服务的数字文化资源保障能力，促进农村公共文化服务数字文化资源结构调整与升级，面向乡村民众提供一站式文化资源服务（于晓斐，2022）。在农村公共文化服务发展由总体性激励向个体收获感转变的进程中，可及性建设是检验公共文化服务发展的重要标准（陈瑜，2023）。冯献等（2022）通过分析，认为我国现阶段乡村居民利用移动互联网获取公共文化服务的可及性总体处于中等偏上水平，移动互联的发展总体促进了乡村居民公共文化服务供给的公平性，但同时也指出移动互联下的乡村公共文化服务可及性在区域间、个体间均存在一定的数字鸿沟，但差距不明显，村民可及性水平表现为由东向西依次递减。

（二）乡村公共数字文化服务效能

学者们重点关注和研究乡村公共数字文化服务水平，主要包括公共文化产品的供给和受众群体接受程度两个方面。许传洲等（2024）指出要加快推进乡村数字化公共文化服务产品开发应用，增加线上文化产品数量，以弥补线下的不足。杨芳等（2021）运用扎根理论方法，以"淄川文化云"为例从平台化、需求侧和供给侧、供求契合三大维度剖析数字赋能农村公共文化服务的过程，认为"技术接受"是数字赋能农村公共文化服务供需契合的前提和基础。此外，针对存在的乡村公共数字文化服务的用户流失行为，学者们构建了乡村公共数字文化服务的用户流失行为模型、PEIT信息规避行为模型等，提出从替代品、信息素养、信息、服务系统环境等方面加以完善，以提升乡村公共数字文化服务效能（王锰等，2020、2022）。

第四节　数字化赋能乡村治理的理论研究

一、数字化与公共服务相关理论与文献研究

（一）数字化与整体性治理

公共管理领域中的一个重要理论是整体性治理理论，该理论是继传统公共行政范式和新公共管理范式之后出现的一种新的理论范式，是为解决碎片化带来的社会问题复杂化的难题，以提供更完善、更低成本、更有效率的公共服务和公共产品，以期达到善治效果。该理论经历了以1977年英国学者佩里·希克斯的著作《整体性政府》的出版、1999年佩里·希克斯与戴安娜·叶的著作《圆桌中的治理——整体性政府的策略》的出版、2002年佩里·希克斯、戴安娜·叶、金伯利·舒尔茨、加里·斯多克等人的著作《迈向整体性治理：新的改革议程》的出版为时间节点的三个阶段，基本内容包括以公民需求和问题解决为治理导向、强调合作性整合、注重协调目标与手段的关系、重视信任和责任感以及制度化、依赖信息技术的运用等多个方面（韩兆柱等，2013；张玉磊，2015）。整体性治理视域下政府机构内部的整体性运作重点在于突破条块分割的内部循环模式，而数字化转型的独特优势能够推动农村公共服务供给的整体性重构。数字化基础设施、数字平台应用显著提高了乡村居民公共服务可及性，推动农村公共服务供给数字化转型有助于推进智与治的高效融合、量与质的均衡发展、供与需的精准匹配三大核心目标（陈弘等，2022），是破解"城乡分治"和消弭城乡鸿沟（汤资岚，2022）、缩小中西部与东部发展差距（谢秋山等，2021）的重要途径。

（二）数字化与农村教育培训

农村教育根植于乡村的本土实际，专注于提升村民的能力素养。20世纪60年代，经济学家舒尔茨提出人力资本理论，指出在经济生产过程中存在物质资本和人力资本两种形式的资本，指出提高人的素质和人口质量的关键在于增加教育投资。蒋士会等（2023）指出教育数字化转型是一次以人为中心

的系统创变、以数据为驱动的思维转变、以技术为支撑的要素衍变。一方面，农村基础教育是影响农村人力资本的重要因素。但城乡基础教育资源分配不均衡，乡村教育质量较低、乡村教师专业发展薄弱等问题（李建珍等，2024）影响着育人水平。将数字技术与乡村教育有效融合是提高农村地区基础教育质量、促进教育公平的重要举措。另一方面，农民教育培训机制不完善，村民对新思想、新技术的掌握困难，外出农民工学历低，影响了就业岗位和工资水平。根据国家统计局发布的《2023年农民工监测调查报告》，2023年全国农民工总量为29 753万人，比上年增加191万人。其中未上过学的占0.8%，小学文化程度占13.8%，初中文化程度占52.1%，高中文化程度占17.5%，大专及以上占15.8%。因此应建立完善的培训教学实践体系和数字技术支撑下的多元化培训方式（王红等，2022），以提升农民的教育培训质量。

（三）数字化与农村医疗卫生

我国需要利用数字技术优化农村医疗业务流程，建立大数据应用体系，完善城乡居民基本医疗保险制度信息系统（徐剑锋，2015；李亚子等，2017）。学者们通过分析指出我国在农村医疗数字化推进中仍然存在一些问题，如吕思雨等（2024）针对农村居民对远程医疗的使用情况开展问卷调查和实证分析，结果显示农村居民对远程医疗有一定了解，但实际使用率较低，并指出感知有用性和感知易用性对农村居民远程医疗使用意愿将产生积极影响，因此需要减少农村居民的技术焦虑，提高使用远程医疗服务的自我效能。丰雨妍等（2023）从农村居民角度出发，对其使用互联网医疗的现实困境进行分析，探寻造成互联网农村居民医疗服务"数字鸿沟"的农村居民需求、信息技术、医疗机构供给三大类影响因素。因此，我国在推进农村数字化公共卫生服务体系建设中，需要从提高县乡村三级医疗系统的数字化应用水平、发挥农村卫生服务体系数字化治理功能、优化农村数字化公共卫生服务体系建设的投入机制（王锋等，2023）、加大农村居民对远程医疗的了解等方面着力。

二、数字化与基层党建相关理论与文献研究

（一）党建引领乡村治理

党建引领乡村治理是要利用党组织建设的灵活性和党员身份的复合性，通过党组织建设创新，推动治理理念、治理结构和治理主体的现代化转型。基层党建通过政治势能下沉与政治动能转化两条路径，为乡村治理提供了弥散性支持和嵌入性支持，两者相互交织、相互影响，形成了四种党建引领乡村治理形态：权威式治理、嵌入式治理、复合式治理和简约治理（聂平平等，2024），在不同地域不同时期的乡村中发挥了重要作用。马华等（2023）认为，党建引领乡村振兴多维一体创新机制，即价值引导机制、组织整合机制、项目运行机制、服务保障机制等，能接续推进乡村振兴战略走向深入。陈万莎等（2023）也指出，党建引领实现乡镇政府和村庄社会的联结，成为后税费时期悬浮型政权落地和推动中国式基层治理现代化的路径之一。姜国俊等（2024）提出党建引领乡村治理的关键要素在于以政党力量融入为牵引、以群众路线回归为主线，实现农民群众主体性回归和村民自治的职能归位，充分激活乡村社会自主治理效能，持续形塑乡村治理有效的韧性机制。

（二）基层党建数字化转型

基层党组织建设质量关乎党的建设伟大工程的质量，尽管我国基层党建取得了显著成效，但随着农村经济社会不断发展，居民主要诉求也在不断变化，这对党建工作提出了新要求，需要党建结合时代发展要求进一步加强创新，适应形势发展变化。然而我国部分农村地区党建提质推进中面临着嵌入组织化困境、过程协同化困境、整合集约化困境、共生融合化困境（刘锋，2022），亟待解决。应对农村基层治理面临的新情况、新问题，解决面临的困难和问题，将基层党建更好地嵌入农村治理，实现党对农村基层社会治理的全面有效领导（刘兴平，2022）。在此背景下，不少学者对数字化与基层党建开展研究。智慧党建是党建工作适应新形势的需要、是提升党建科学化水平的需要、是党建工作自身创新发展的需要，其交互性数字空间能够提升基层

党组织凝聚力，扁平化组织结构能够助推组织层级精准管理，智能化数据运算能够赋能组织智慧决策监督，协同性数字平台能够加强党建引领效能转化（曹银山等，2023；谢志燕，2023）。

三、数字化与自治、法治、德治相关理论与文献研究

（一）数字化与自治、法治、德治

村民自治是实现乡村振兴、提升基层治理效能的重要内容，如何激活村民自治、让村民自治有效运转起来，是乡村振兴战略实施过程中需要重点关注的议题。

1. 数字化与村民自治

数字技术驱动村民自治的根本在于数字技术所蕴含的横向聚合性、层级交互性这两大功能要素，从参与条件、参与能力与参与意愿三大维度赋能村民自治（曹银山等，2023）。何阳等（2022）指出村民自治场域从物理空间拓展到数字空间是村民自治空间转向的主要内容，而议事微信群机制作为村民自治空间转向的实践形式则承担了在线议事的主要功能。

2. 数字化与法治

数字赋能基层治理有助于实现良法善治、使得对权力运行和制度推行的实时监督成为可能，有助于实现基层执法的透明化和规范化（张琦等，2024），应线上线下相结合地开展普法宣传，通过微博、微信、抖音、快手等社交平台，通过以案说法进行普法教育（王黎黎等，2022）。

3. 数字化与德治

近年来，随着我国越来越多的农村地区道德积分实践的推行，大量学者开始关注以"道德积分"为代表的道德数字化领域，并形成丰富的研究成果。道德数字化是地方政府通过指标拆解、数字关联、梯度设置与宣传教化四种机制将道德指标量化为积分指标，以此为依据对村民日常行为进行道德评判

(赵紫燕),这一定程度弥补了由于传统乡村道德模糊性、软弱性、弱激励性与私人性等特征而导致的传统道德治理难题。

(二)数字化与"三治"融合

乡村治理共同体理论是推进自治、法治、德治融合的重要理论基础。乡村治理共同体理论是基于乡村社会成员共同的生存生活空间和乡村社会固有的利益共同体、命运共同体、文化共同体属性,对多元主体的联动互济需要提出来的(马静,2023)。乡村治理共同体通过权力、责任和利益分配规范共同体内主体行为,整合共同体内主体优势,激发共同体内主体动力,确保相关主体作为价值、行动和利益共同体在村级治理中的一致行动力。因此构建乡村治理共同体契合社会治理的现实需求,有助于提升基层治理效能,对于推动基层社会治理的现代化转型有着重要意义(毛一敬,2021)。我国部分地区的实践主要集中在自治、法治与德治的各自强化和提升上,而"三治"的有机结合在以往的实践中并没有得到很好的体现。数字乡村治理共同体是自治、法治、德治、智治相统一的社会治理模式,有助于社会事务处理得更有效率、更符合各方群众的共同利益(张洪昌等,2023)。利用数字赋能可以创新各部门之间的协作机制,优化与升级"三治融合"的方式方法,从而有效应对"三治"分离的问题。一方面,开发集"网上党支部""线上村委会""涉农事务办理与查询""工单协作"等功能模块于一体的数字乡村政务平台;另一方面,利用数字技术搭建乡村数字治理平台,强化民政、司法、教育与宣传等部门的合作,打造虚拟的"基层社会治理部",统筹管理和协同推进"三治"工作(沈艳,2023;陶姗姗,2024)。在发挥好数字技术作用的同时,需要注意延续乡村地域历史文化,保护乡村自然生态环境,重塑乡村在地性资源,构建乡村情感共同体(沈费伟等,2021),以保护和释放乡村价值。

第五节 数字化赋能生活富裕的理论研究

一、数字经济与农民收入相关理论与文献研究

（一）数字化与农民增收

邓晓军等（2024）对 2013—2019 年我国 283 个城市进行分析，指出数字经济不仅直接促进农民增收，还通过提升创业活跃度间接对农民收入产生积极影响。同时还指出数字经济与农民增收存在显著的空间相关性，数字经济显著促进本地区农民增收，并正向影响周边地区农民收入，具有一定的空间溢出效应。曾亿武等（2019）通过对山东曹县、江苏沭阳和浙江临安三地的分析，指出在农村电子商务发展较好的地区，已有近三成的电商农户在其网店经营过程中使用了大数据产品，其中以培训为主要形式的知识转移和以内群体交往为核心的知识溢出对驱动电商农户使用大数据发挥了重要的积极作用，而这种大数据使用显著提升了电商农户的收入水平。而且因地制宜的电商价值链更新对农民增收的作用十分显著。曾妍等（2023）通过对三峡库区秭归县的分析，指出如果农村电商若仅限于替代合作社的渠道功能，会难以确保库区移民增收，但"平台经济"和"双品牌"的价值链更新路径则能有效提高移民收入，同时还指出全产业链参与、电商技能培训、绿色农技应用和品牌文化植入等是核心保障措施。

（二）数字化与农民收入分配

关于数字化发展对农民内部收入差距的影响，国内学者的研究结论并不一致，这与研究对象和范围有关。如展进涛等（2024）对 2014—2020 年我国 1 809 个县以及淘宝村数据进行分析，指出与非电商村相比，农村电商显著提高了农村居民的收入水平，产生的收入效应在电商发展水平较低、经济聚集程度不高的地区更大。张岳等（2024）对中国乡村振兴综合调查（CRRS）的农户数据进行分析，通过分位数回归和再中心化影响函数回归，得出随着农民收入水平分位数上升，数字治理参与水平对农民收入水平影响的边际效应

总体上保持下降趋势的结论，进一步指出数字治理参与对高收入组的农民收入促进作用相对较小，对低收入组的农民收入促进作用相对较大，因此农民参与数字治理具有收入分配效应，有助于缩小农民内部收入差距，实现共同富裕所要求的"共享"目标。石虹等（2024）通过对 2012—2021 年我国 31 个省份的相关数据分析，发现数字普惠金融对农民收入存在非线性影响，且数字普惠金融对西部地区、内陆地区农民收入的推动作用较强。乔欢欢（2022）对我国 2014—2020 年省级数据进行分析，发现农产品电商集聚能够助力城乡居民收入差距缩小，且这一效应高于农产品电商发展对城乡居民收入差距的影响，即电商产业集群发展更有利于缩小城乡收入差距。但需要注意的是，还有一部分学者得出相反的结论，认为数字化拉开了农民内部的收入差距。如张良等（2023）对江苏省 2021 年 2 750 个农户样本进行分析后，指出农村数字经济的发展整体促进了农民增收，但具体来看对不同收入家庭的影响存在异质性，对低收入家庭农民增收的促进作用较小，对高收入家庭增收的促进作用较大，认为农村数字经济未实现包容性增长。

（三）数字金融与农民投资

学者们关注数字金融如何影响农民的收入水平、金融素养以及其对乡村经济整体发展的贡献。金融投资决策是一个复杂的过程，这一过程要求有很强的信息收集能力和理解能力（孟亦佳，2014）。根据信息成本理论，这一过程需要付出成本，其是阻碍农村居民参与金融投资的重要因素。数字普惠金融不仅可以提供便捷的金融服务，而且可通过数据的精准分析，帮助农村居民制定更科学的生产和投资决策，提升金融资源的使用效率，还可以为农民提供个性化的金融产品，如贷款、保险、理财等，帮助农民解决资金短缺、风险管理等问题。李昭楠等（2022）指出我国农村居民的理财方式正在由传统理财方式向新型理财方式转变，金融素养的不同使得农户采取不同的理财方式，进而影响农户增收。但于潇等（2022）以理财产品作为研究对象分析我国老年人参与互联网金融的情况，指出非农业户口老年人参与互联网金融的概率显著大于农村户口的老年人，存在明显的城乡差异。因此，提高农村居民数字素养十分关键，这将成为其能较好利用数字金融参与金融投资，从而提高自身收入水平的重要举措。

二、数字经济与农民消费相关理论与文献研究

（一）数字化与农村消费扩容

关于电商提振农村消费的研究认为农村电商作为激活农村消费市场的重要手段，农村电子商务成熟度对农民消费观念有着极为明显的促进作用，如方小林（2023）对2019—2021年我国百强县域进行分析，得出农村电商发展对城乡居民消费差距的缩小具有强边际贡献的结论。尹志超等（2024）指出电商下乡通过提高低收入、中老年、低文化程度、低社会资本农村家庭的消费水平，提高农村家庭数字能力和强化农村家庭消费平滑能力，减小农村家庭消费不平等程度，并通过分析得出电商下乡对交通欠发达地区，非平原地区，距农贸市场远、距地级市远、低信息关注度和低文化程度的农村家庭的消费不平等具有显著的消减作用，这些结论为我国山区农村、偏远农村、欠发达农村进一步深入推进电商下乡提供了理论依据。但需要指出的是，我国农村消费电商发展仍然面临着一些因素，包括农村常住人口结构对网络购物的制约较大，农村电商快递"最后一公里"短板，农村网络消费金融发展滞后，农村地区的消费环境有待改善等（郑晶玮等，2022）。这将对刺激农村消费形成制约，因此需要加快推动农村电商的高质量发展。关于数字普惠金融促进农村消费的研究，认为数字普惠金融显著提高了我国农村居民的消费规模（王刚贞，2020；黎翠梅，2021；姜慧等，2024）。学者们通过分析指出，数字普惠金融能通过缓解收入约束、信贷约束、平滑移动支付等机制影响农村居民消费。

（二）数字化与农村消费结构

互联网的普及使得社群、电商平台在消费升级过程中发挥更为重要的作用，农村电子商务成熟度对农民消费观念有着极为明显的促进作用（张涛等，

2017)，"互联网+"的兴起进一步延展了消费服务的广度与深度，对促进新一轮消费升级将产生更大影响（张正荣等，2019）。一部分学者针对数字乡村建设对农村消费结构的综合性影响进行分析，如汪亚楠等（2021）。数字乡村建设对农村消费升级具有显著的正向促进作用，其中对发展型农村消费的促进效应最强，对生存型农村消费的促进效应最弱。一部分学者则聚焦电商对农村消费结构的影响开展研究。冯富帅（2020）在对2014—2019年省级数据开展实证分析后，指出农村电商发展有利于促进农民消费升级，具体表现在非食品类消费支出比重以及服务性消费支出弹性的增加，同时农村电商发展还能够通过收入分配与数字金融发展等渠道促进农民消费升级。李丽丽等（2023）构建空间杜宾模型对2010—2020年全国31个省份进行分析，指出电商产业集聚不仅对本区域农村消费升级产生显著影响，而且邻近区域间电商产业集聚能够相互促进并显著推动农村消费升级。刘明辉等（2023）对农村居民消费结构影响进行更为细致的研究，以"消费替代效应""消费创造效应"和"消费价格效应"为主线构建了理论模型，对淘宝村开展分析，得出了平台型电商普惠显著促进了农村居民生存型消费尤其是食品支出的增长；受"消费替代效应"影响，平台型电商普惠影响下的发展型消费增长迟滞；受三重效应交叉影响，淘宝村家庭相对非淘宝村家庭的衣着消费增长慢。

三、数字基础设施与农民收入相关理论与文献研究

（一）数字基础设施与农民增收

数字基础设施是承载数据要素的重要工具，它的建设有利于通过促进低收入群体非农就业、提高农业效率、改善人力资本，从而缓解农村居民收入不平等状况（斯丽娟等，2024）。国内很多学者通过实证研究，验证了数字基础设施建设对农民增收的正向促进作用。邓荣荣等（2023）通过对2010—2019年我国284个地级及以上城市的分析，指出数字基础设施建设显著提高了农村居民收入水平，在东部地区与中部地区、大中规模城市以及较高传统基础设施水平地区，且数字基础设施建设对于周边地区农村居民收入水平具有正

向的空间溢出效应。陈明生等（2024）利用 2011—2019 年五轮中国家庭金融调查（CHFS）数据开展分析，指出数字基础设施建设通过增加创业机会、就业机会，提高家庭收入。

（二）数字基础设施与共同富裕

部分学者围绕数字基础设施与城乡收入差距开展分析，王亚飞等（2023）、陈龙等（2024）、唐要家等（2024）通过分析指出数字基础设施有助于缩小城乡收入差距、促进共同富裕，其核心作用机制是通过信息扩展效应、就业创造效应、人力资本提升效应以及提升资本配置效率、促进劳动力流动来实现。其中，王亚飞指出新基建显著促进了共同富裕，但从区域看，新基建促进了南方地区的共同富裕，却对北方地区具有抑制效应，而且融合基建、信息基建、创新基建对共同富裕的促进作用也存在依次递减的事实特征。

（三）数字基础设施供给路径

李琬等（2022）通过分析数字基础设施建设的高投资特征和普惠性目标之间的冲突和矛盾，认为要借助新一轮数字基础设施建设契机跨越数字鸿沟，并避免因无法整齐划一推进而带来数字鸿沟扩大趋势，其关键在于把握数字基础设施建设的俱乐部物品性质，在三次分配理论指导下提出符合时代价值取向的数字基础设施"三轮驱动"供给模式。

随着数字技术的深入应用和数字经济的快速发展，数字化与乡村发展的研究已成为国内外学术界关注的热点，所形成的关于数字化赋能乡村产业、乡村生态、乡风文明、乡村治理、生活富裕的研究成果丰富，为本研究的顺利开展奠定了坚实的理论基础。

维度分析方面，现有的研究多为数字化与乡村发展、乡村建设、乡村治理中某一领域的研究，如关注数字农业、农村电商、数字普惠金融、人居环境治理数字化、公共文化服务数字化、教育和医疗卫生数字化、基层党建数字化等，这些成果无疑为本研究的开展提供了很好的参考，但这种单一领域的研究也导致了数字化赋能乡村振兴研究的碎片化，难以从总体上把握数字化赋能乡村振兴的进展。因此，本研究将围绕产业、生态、文化、治理、农民生活等方面，多维度开展研究，以更为全面地反映我国数字化赋能乡村振兴的推进情况。

效应分析方面，学者们关于数字化与农业发展、农民收入、农村消费等领域的定量分析，为本研究开展数字化赋能乡村振兴效应分析的指标选择提供了借鉴。但由于已有的成果是基于不同考察期、考察地和考察领域的实证分析，所得到的结果也各不相同。因此，本研究将开展2010年以来我国数字化对乡村振兴的总体影响分析以及东、中、西部地区异质性分析，以明确全国层面和区域层面数字化赋能乡村振兴的效应。

案例分析方面，通过梳理已有的文献发现，由于我国东部地区与西部地区数字经济发展水平差距较大，东部地区数字化与农业农村融合的时间更早、程度更深，并取得了较为突出的成绩，涌现了一批成功案例，因此现有研究对东部地区数字化赋能乡村的关注度较高，而对西部地区实践探索的案例分析相对较少。由于西部地区和东部地区在经济发展程度、乡村本底条件、乡村产业情况、生态文化资源等方面存在差异，西部地区部分省市的探索经验对其他近似地区的借鉴作用将更为直接和明显。本研究在实施案例分析时，将以对西部地区的长期调查研究为基础，重点选择一部分具有代表性的案例实施深度剖析。

第二章

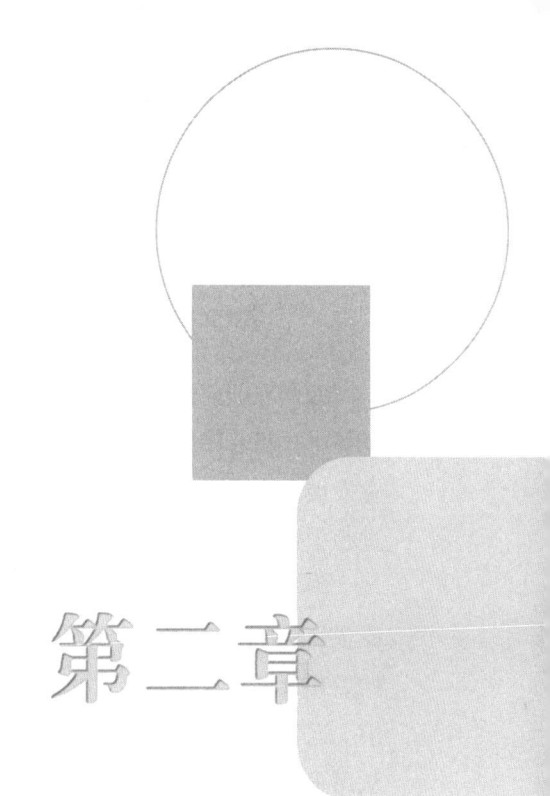

我国数字化赋能乡村振兴的情况

第一节 我国农业农村发展的情况及制约因素

一、我国农业农村发展情况及成效

我国农业农村现代化本质上是立足于本国国情和农情，在中国共产党的领导下，沿着中国特色社会主义道路，由以农民为主体的全体人民推动的农业发展和进步事业（杨志良，2021）。我国农业农村现代化内涵随着农业发展进程中各阶段所处的环境、面临的主要问题不断丰富和拓展。

中华人民共和国成立之初，国内粮食供给不足，平均每人每年仅 425 斤原粮[①]，粮价波动剧烈。为了快速提升粮食供给，满足人民生活必需，我国开始重视通过现代化发展来提高农产品产量。1954 年，《国务院政府工作报告》第一次明确提出要实现工业、农业、交通运输业、国防的四个现代化任务，从而正式把农业现代化纳入国家发展战略目标。此后，我国开始从国家层面推进农业现代化，这一时期农业现代化发展更多是以资源要素投入为主要内容，农业现代化的内涵为农业机械化、化学化、水利化、电气化（傅晨，2001）。到 1978 年，我国农业机械总动力提升至 11 749.9 万千瓦，农林牧渔业总产值达到 1 397 亿元。

改革开放以后，随着我国经济社会发展和改革步伐加快，家庭联产承包责任制的实行大大提高了农民生产积极性，农业现代化的内涵逐渐细化为农业基本建设现代化、农业生产技术现代化和农业经营管理现代化，农村生产力大幅度上升，农业得到快速发展。到 1989 年，我国农业机械总动力提升至 28 067 万千瓦，农林牧渔业总产值达到 6 534.73 亿元。

20 世纪 90 年代，尽管我国农业通过前期的规模扩张，粮食产量得以大幅度增加，但农业效益不高、产销对接低效、资源利用粗放、环境污染等问题也日益凸显。1991 年，全国化肥施用量达到 2 805 万吨，是 1978 年 884 万吨的 3.17 倍。1992 年，我国明确提出应当在继续重视产品数量的基础上，转

---

① 资料来源于《中华人民共和国经济档案资料选编（1949—1952）》（农业卷），社会科学文献出版社，1990 年。

入高产优质并重、提高效益的新阶段。我国农业现代化发展重点转向市场导向、农产品流通、农业技术等方面，以期实现农业高产高效发展。到1999年，我国农业机械总动力提升至48 996.1万千瓦，农林牧渔业总产值达到24 519亿元。

党的十八大以来，我国农业农村现代化进入以高质量发展为导向的阶段。2016年，国务院出台《全国农业现代化规划（2016—2020年）》，指出我国农业现代化已进入"全面推进、重点突破、梯次实现的新时期"。党的十九大明确提出，要加快推进农业农村现代化。在面临农产品供求结构性失衡、农业面源污染、农业竞争力弱等问题时，我国加快转变农业发展方式。农业现代化的内涵特点体现为农业高质量发展，具体而言，就是追求高效的农业生产，提高农产品质量安全保障水平，并不断减少农业发展对生态环境的破坏，探索人与自然和谐相处的方式，最终实现农民富裕。2020年，我国全面建成小康社会取得伟大历史性成就，决战脱贫攻坚取得决定性胜利。这一阶段，我国把精准扶贫、精准脱贫作为基本方略，凝聚全社会力量，全力推进脱贫攻坚战，农业农村得到快速发展。其中，以国家电子商务进农村综合示范项目、网络扶贫行动、数字乡村建设等为代表的数字化赋能脱贫攻坚的战略举措发挥出重要作用。到2020年全国县域农业农村信息化发展总体水平达到37.9%，农林牧渔业总产值达到137 782.2亿元，农用化肥施用量由2015年的6 022.6万吨降至2020年的5 250.7万吨。

2021年以来，我国着力推进巩固拓展脱贫攻坚成果同乡村振兴有效衔接，农村信息化建设水平、智慧农业发展、农业技术支撑、农村一二三产业融合、农业绿色发展、农业农村农民全面发展等多个方面加快推进。到2023年，农林牧渔业总产值达到158 507.2亿元，农业机械总动力达到113 865.6万千瓦，同时农业绿色化取得明显成效，农用化肥施用折纯量下降至5 021.74万吨。

（一）农林牧渔业总产值持续增长

我国农业农村现代化的良好发展态势，有力地促进了农林牧渔业总产值的增长。我国农林牧渔业总产值由 2010 年的 67 763.1 亿元增长至 2023 年的 158 507.2 亿元，增幅为 133.91%，农村经济稳步发展（见图 2-1）。

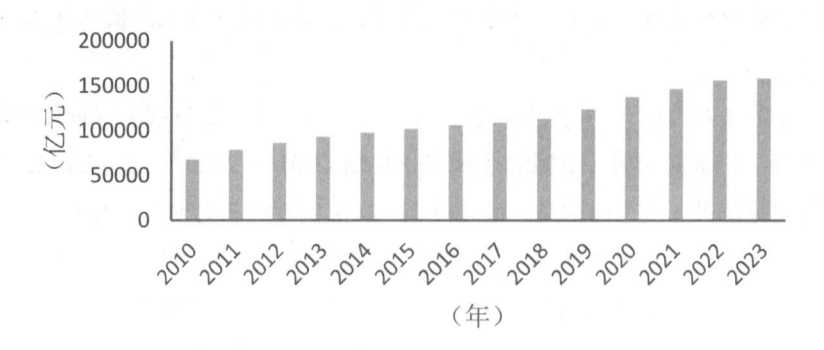

图 2-1 我国农林牧渔业总产值情况

（二）农业机械化水平总体提升

我国农业机械总动力除 2016 年以外总体呈上升趋势，2010—2015 年，农业机械总动力从 92 780.5 万千瓦上升至 111 728.1 万千瓦。2016 年因小型农机具保有量减少、农机升级更新等因素影响，农业机械总动力下降至 97 245.6 万千瓦。此后一直保持增长。到 2023 年，我国农业机械总动力达到 113 865.6 万千瓦，是 2010 年的 1.2 倍（见图 2-2）。

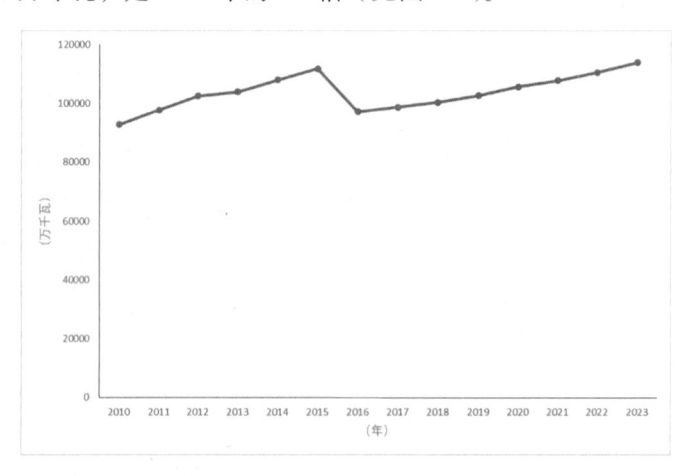

图 2-2 我国农业机械总动力情况

（三）农用化肥施用量逐步降低

我国农业化肥施用量经历了波动发展，从 2010 年的 5 561.7 万吨增长到 2011 年的 6 027 万吨，在 2012 年下降至 5 838.8 万吨，再上升至 2015 年的 6 022.6 万吨。此后一直保持下降趋势，到 2023 年为 5 021.7 万吨。总体来看，农用化肥施用量在 2010 年到 2023 年间经历了起伏，但总体趋势是逐步减少，下降幅度达到 9.7%（见图 2-3）。

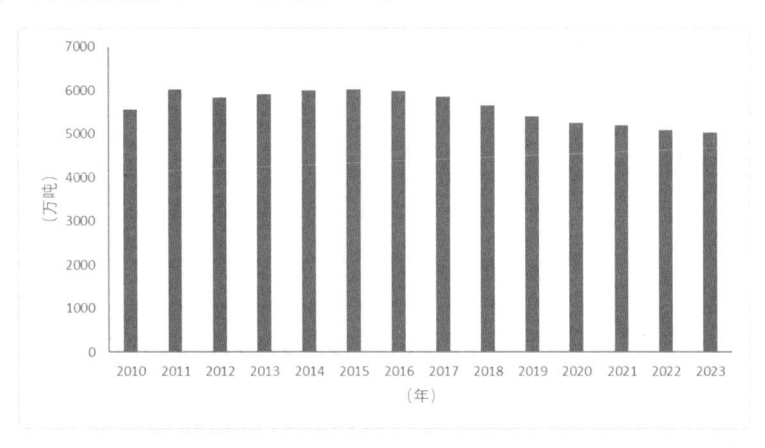

图 2-3　我国农用化肥施用情况

数据来源：2011—2023 年《中国统计年鉴》、国家数据网

（四）农民收入持续增长

我国农村居民人均可支配收入由 2010 年的 6 272.4 元增长至 2023 年的 21 691 元，增幅达到 245.8%，城乡居民收入比从 2010 年的 3.05 下降至 2023 年的 2.39，城乡收入差距逐步缩小（见表 2-1）。

表 2-1　我国农村居民收入情况

年份	农村居民人均可支配收入（元）	城乡居民收入比
2010	6 272.4	3.05
2011	7 393.9	2.95
2012	8 389.3	2.93
2013	9 429.6	2.81

续表

年份	农村居民人均可支配收入（元）	城乡居民收入比
2014	10 488.9	2.75
2015	11 421.7	2.73
2016	12 363.4	2.72
2017	13 432.4	2.71
2018	14 617	2.69
2019	16 020.7	2.64
2020	17 131.5	2.56
2021	18 930.9	2.50
2022	20 132.8	2.45
2023	21 691	2.39

数据来源：2011—2023年《中国统计年鉴》、2023年国民经济和社会发展统计公报

2013年11月，习近平总书记提出"精准扶贫"。经过持续奋斗，到2020年年底我国832个贫困县和12.8万个贫困村全部摘帽，现行标准下近1亿农村贫困人口全部脱贫，农村居民人均可支配收入达到17 131.5元。此后，我国加大推进巩固拓展脱贫攻坚成果同乡村振兴有效衔接，中西部22省（区、市）脱贫县农村居民人均可支配收入保持稳定增长，由2021年的14 050.9元增长至2022年的15 111.2元（见表2-2）。

表2-2 我国中西部22省（区、市）脱贫县农村居民人均可支配收入

	2021年（元）	2022年（元）
脱贫地区	14 050.9	15 111.2
河北	14 271.9	15 425.2
山西	11 665.7	12 723.5
内蒙古	15 034.4	16 223.1

续表

	2021年（元）	2022年（元）
吉林	12 905.9	13 667.4
黑龙江	13 474.1	14 392.7
安徽	16 589.0	17 780.6
江西	14 452.1	15 740.8
河南	15 752.5	16 879.7
湖北	14 822.4	16 188.3
湖南	13 536.7	14 713.6
广西	14 663.5	15 796.1
海南	15 683.5	16 935.3
重庆	16 667.9	17 875.2
四川	14 908.8	15 949.5
贵州	12 702.8	13 569.4
云南	13 027.1	14 027.2
西藏	16 932.3	18 209.5
陕西	13 908.9	14 837.9
甘肃	10 458.4	11 190.1
青海	13 604.2	14 456.2
宁夏	13 045.3	14 151.4
新疆	14 476.9	15 416.5

数据来源：2023年《中国统计年鉴》

（五）农村居民消费扩容提质

2010年以来，我国农村居民人均消费支出呈现出显著的增长趋势，2023年达到18 175元，增幅达到267.6%。2010—2023年农村居民恩格尔系数有所下降，食品支出总额占个人消费支出总额的比重降低，2023 年为 32.4%（见表 2-3）。

表 2-3　农村居民人均消费支出情况

年份	农村居民人均消费支出（元）	农村居民恩格尔系数（%）
2010	4 944.8	37.9
2011	5 892	37.1
2012	6 667.1	35.9
2013	7 485.2	34.1
2014	8 382.6	33.6
2015	9 222.6	33
2016	10 129.8	32.2
2017	10 954.5	31.2
2018	12 124.3	30.1
2019	13 327.7	30
2020	13 713.4	32.7
2021	15 915.6	32.7
2022	16 632.1	33
2023	18 175	32.4

数据来源：2011—2023 年《中国统计年鉴》、国家数据网

（六）乡村教育不断发展

2010—2022 年，乡村小学阶段在校生从 9 940.7 万人增长至 10 732.1 万人，专任教师从 561.7 万人增长至 662.9 万人，师生比由 1∶18 下降至 1∶16。初中阶段在校生从 2010 年的 5 279.3 万人下降至 2015 年的 4 312 万人，此后保持增长态势，到 2022 年上升至 5 120.6 万人，专任教师与在校生数变化趋势保持一致，2022 年达到 402.5 万人，师生比则呈下降趋势，由 2010 年的 1∶15 降至 2022 年的 1∶13。小学和初中阶段，师生比下降，教师负担降低，有利于教学质量的提高（见表 2-4）。

表 2-4　乡村义务教育情况

年份	小学阶段			初中阶段		
	在校生数（万人）	专任教师（万人）	师生比	在校生数（万人）	专任教师（万人）	师生比
2010	9 940.7	561.7	1∶18	5 279.3	352.5	1∶15
2011	9 926.4	560.5	1∶18	5 066.8	352.5	1∶14
2012	9 695.9	558.5	1∶17	4 763.1	350.4	1∶14
2013	9 360.5	558.5	1∶17	4 440.1	348.1	1∶13
2014	9 451.1	563.4	1∶17	4 384.6	348.8	1∶13
2015	9 692.2	568.5	1∶17	4 312	347.6	1∶12
2016	9 913	578.9	1∶17	4 329.4	348.8	1∶12
2017	10 093.7	594.5	1∶17	4 442.1	354.9	1∶13
2018	10 339.3	609.2	1∶17	4 652.6	363.9	1∶13
2019	10 561.2	626.9	1∶17	4 827.1	374.7	1∶13
2020	10 725.4	643.4	1∶17	4 914.1	386.1	1∶13
2021	10 779.9	660.1	1∶16	5 018.4	397.1	1∶13
2022	10 732.1	662.9	1∶16	5 120.6	402.5	1∶13

数据来源：2011—2023 年《中国农村统计年鉴》。

（七）乡村医疗有待加强

从我国农村乡镇卫生院来看，每千人拥有医疗卫生机构床位数不断增长，从 2010 年的 73.4 张增长至 2022 年的 156 张，增幅为 112.7%，医疗设施保障不断增强。每千人拥有卫生人员数呈下降趋势，到 2022 年为 7 122.5 人，乡村医疗队伍建设有待加强（见表 2-5）。

表 2-5　乡村医疗卫生情况

年份	每千人拥有医疗卫生机构床位数（张）	每千人拥有卫生人员数（人）
2010	73.4	8 057.6

续表

年份	每千人拥有医疗卫生机构床位数（张）	每千人拥有卫生人员数（人）
2011	77.4	8 496.8
2012	85.2	8 485.4
2013	90.5	8 608.8
2014	95.3	8 637.1
2015	101.1	8 721.6
2016	107.3	8 772.7
2017	117.4	8 802.5
2018	126.3	8 587.3
2019	135.3	8 318.1
2020	141.9	8 118.7
2021	148.7	7 308.8
2022	156.0	7 122.5

数据来源：2011—2023 年《中国农村统计年鉴》

二、我国农业农村发展面临的问题

（一）人多地少矛盾突出

我国人多地少矛盾突出，一方面我国人口基数大，拥有 14 多亿人口。另一方面耕地面积减少，第三次全国国土调查结果显示，全国耕地总面积约 127.9 万平方千米，十年间下降了 5.6%。我国人均耕地面积约 1.4 亩，不及世界平均水平的一半（周天勇，2021），远小于美国、加拿大、印度等国家的人均耕地面积。人均农业资源较少，农业生产以小规模分散经营为主体形态，这是我国的基本国情农情。在此背景下，加快推动农业机械化、数字化发展具有很强的现实意义和紧迫性。

（二）农业发展高度依赖农业投入品

我国农业发展主要依靠农资大量投入的发展方式，对农村环境造成污染。1990 年，我国农用化肥、农药、农膜的投入分别为 2 590.3 万吨、73.3 万吨、48.2 万吨，第一个十年分别增长 60.1%、74.6%、177%，第二个十年分别增长 34.1%、37.3%、62.8%，第三个十年，我国农膜增长 9.9%，在各地区大力推广有机肥代替化肥和病虫害统防统治下，化肥和农药的投入有所下降。但需要注意的是，农用化肥和农药的施用量仍然很大（见表2-6）。我国农业发展对化肥、农药、农膜等依赖度高，造成农业面源污染、农产品质量安全问题等，这种依靠投入品、污染环境的农业生产方式对我国未来农业现代化发展形成制约。

表 2-6 我国农用化肥、农药、农膜使用情况

指标	单位	1990 年	2000 年	2010 年	2020 年	2022 年
化肥施用量（折纯量）	万吨	2 590.3	4 146.4	5 561.7	5 250.7	5 079.2
农药使用量	万吨	73.3	128.0	175.8	131.3	119
农用塑料薄膜使用量	万吨	48.2	133.5	217.3	238.9	237.5

数据来源：2023 年《中国农村统计年鉴》

（三）农村公共服务供给仍存在薄弱环节

基本公共服务是推进共同富裕的重要基础，我国一直致力于推进城乡基本公共服务均等化，通过发展，基本公共服务可及性逐步递增，自来水和民用电入户完成全民覆盖。但需要注意的是，我国城乡公共服务水平仍存在差距，农村公共服务供需体系和服务品质还存在不足，且相较于东部和中部地区，西部地区基本公共服务水平相对落后。城乡公共设施方面，存在布局不均衡问题，农村公共服务设施建设"往村覆盖、向户延伸、为民服务"方面仍具有薄弱环节（郝亚光，2024），部分设施的使用存在低效化现象。

第二节　我国数字化赋能乡村振兴的情况及主要问题

一、我国数字化赋能乡村振兴的情况及成效

（一）完善农村地区信息基础设施建设和信息服务

1. 加快农村地区信息基础设施建设

实施高速宽带工程、信息乡村工程、信息服务工程"三项工程"，推动益农信息社覆盖行政村，持续推进信息进村入户。政府着力乡镇高速宽带网络建设，并引导中国移动、电信、联通三家电信运营商、铁塔公司等加大投资、建设基站，推动行政村人口聚居区 4G 网络和光纤网络全覆盖，推动 5G 建设，快速提升农村地区信息化水平，推动农村地区数字化转型，激发农村群众内生动力，为全国脱贫攻坚和乡村振兴奠定坚实基础。截至 2023 年年底，我国农村地区互联网普及率为 66.5%，农村宽带用户总数达 1.92 亿户，5G 网络基本实现乡镇级以上区域和有条件的行政村覆盖。各地加快推动信息基础设施建设。如新疆等地加快"宽带边疆"建设，着力推进边疆地区乡镇政府驻地、行政村宽带向千兆光网升级，灵活采用中频和低频 5G 基站，逐步推进 5G 网络向农村地区延伸覆盖，探索推进 20 户以上农村人口聚居区、抵边新村、林场/农场/牧场驻地等场景宽带网络覆盖。再如，安徽省宿州市埇桥区加快推进信息进村入户项目，建成信息进村入户益农信息社区级运营中心 1 个、益农信息社标准站 26 个，注册益农信息社信息员 280 多名，入驻省级运营平台益农信息社 251 个，覆盖全区 80%以上的行政村，具备农业综合信息服务能力的乡镇比例达到 100%。

2. 推动网络精准降费

政府建立稳定的财政投入机制，在推动固定宽带单位带宽价格和手机流量平均资费连续下降的基础上，指导企业进一步加大对贫困农村人口和低收入困难群众的优惠支持力度，通过优化简化资费套餐、取消手机国内漫游费和长途费、推出低门槛资费套餐和智能终端、开展定向促销优惠等举措降低

欠发达地区用户网络使用费用。2015年开始，我国针对偏远落后地区的通信建设服务启动电信普遍服务补偿机制，截至2023年年底，电信普遍服务已部署9批次，累计支持全国13万个行政村光纤网络建设和7.9万个农村4G、5G基站建设，固定宽带和4G用户端到端平均下载速率提高7倍，单位流量平均资费下降超过95%。同时，在脱贫攻坚取得胜利后，农村贫困人口全部脱贫之后，我国持续推动基础电信企业面向农村脱贫户持续给予5折及以下基础通信服务资费折扣。如湖南移动在通话的基础套餐上，推出"网络流量包""音乐软件流量包""视频软件流量包"等不同补充资费套餐，实施按需叠加降低资费方式，针对不常上网的老人专门开设小范围局域网，实行入网的"亲情号"通话免费。我国农村地区用网费用大幅降低，人民群众获得感和满意度不断提升，互联网用户规模持续扩大，到2023年年底，全国农村网民规模达到3.26亿人，比2014年增长了83.1%。

（二）加快农业数字化转型

1. 建立农业农村大数据平台

我国于2021年2月成立农业农村部大数据发展中心，着力推进农业农村数据汇集管理、综合分析、整合运用。通过成立农业农村部数据标准化技术委员会、打造农业农村大数据公共平台基座的县级平台等系列举措，为智慧农业发展打下基础。各省市加快推进农业农村大数据的汇聚利用，如重庆建立了包括数据标准和平台运行2个体系、1个农业大数据资源库、政务服务和公众服务2个系统的"三农"大数据平台，汇聚整合全市涉农信息资源数据超4亿条；广西投资建设农业大数据管理平台，整合广西农情信息管理系统、农产品产销价格监测预警系统、土地承包经营权确权登记管理信息平台等20多套业务系统的平台数据资源，建成农业资源、农业生产、农产品市场流通、农业综合管理4大类39小类的农业专项数据库，形成数据采集、存储、分析、预测、共享"五位一体"的综合大数据平台；江西省安福县在原来所建的"万村码上通"5G+村庄长效管护平台的基础上，升级建设安福"三农"大数据平台，创新打造5G+田保姆、智慧畜牧、富硒数字化等模块，设置农技咨询、病虫害信息发布等功能。

2. 全方位布局智慧农业

2021—2024年中央一号文件均对推进智慧农业发展进行部署，2024年4月，由中央网信办等六部门联合发布《数字乡村建设指南2.0》，明确提出从大力推进种植业数字化、持续提升规模化畜禽养殖数字化水平、加快推进渔业数字化、加快提高农业社会化服务数字化水平四个方面着手，推动智慧农业发展。地方政府加快推进本地区智慧农业发展，如江西省宜春市建立水稻生产5G智能决策系统，通过稻油5G大数据平台、5G智能巡田系统、5G水稻远程会诊系统三大子系统对水稻生长株穗粒数量、苗情、虫情、墒情、温湿度环境、成熟度等变化进行分析和预判，并智能调度水稻生产人、机、物等各类要素，推动水稻高效生产。

（三）推动农村电商发展

1. 推动农村电商公共服务站点体系建设

2014年，中央一号文件提出"启动农村流通设施和农产品批发市场信息化提升工程，加强农产品电子商务平台建设"[①]，并正式启动国家级电子商务进农村综合示范县项目建设，加快推动县级电子商务公共服务中心、乡（镇）级电子商务公共服务站、村级电商公共服务点三级服务体系建设，先后累计支持1 489个县，建设县级电子商务公共服务中心和物流配送中心超2 800个，村级电商服务站点15.9万个。随着农村电商公共服务体系的不断完善和农村电商市场的发展，农产品网络零售额持续增长，2023年年底达到5 870.3亿元，约为2016年的3.7倍，在推动山货变网货、农产品溢价和农民增收方面发挥出重要作用。同时，农产品上行和工业品下行总规模扩张，2023年全国农村网络零售额达到2.49万亿元，约为2016年的2.8倍。

---

① 中共中央、国务院印发《关于全面深化农村改革加快推进农业现代化的若干意见》，人民日报，2014年1月20日。

2. 统筹推进农村电商物流发展

2014年，习近平总书记提出把农村公路建好、管好、护好、运营好的要求。此后全国各地加快推进农村公路建设，提升农村路网功能，推动"四好农村路"高质量发展，为农村电商物流的发展奠定坚实的基础，货物运输的能力、安全性、效率显著提高，各类产品在农村地区和城乡之间的流通加速。随着农村电商发展对仓储配送需求的迅速增长，各地区积极推进电商物流产业园、分拨中心、基层网点等建设，规划修建物流枢纽，构建三级农村物流体系。为了更好地推动农产品进城、工业品下乡双向流通，2023年我国启动农村寄递物流体系建设三年行动，实施"一村一站"工程，邮政集团累计建成1 267个县级公共寄递配送中心、28.9万个村级寄递物流综合服务站和19万个村邮站，为全国农村地区每日1亿件左右包裹的寄递搭建网络、顺畅渠道。同时，引导推动菜鸟物流、顺丰速运、京东物流、三通一达等大型企业在农村地区设点布局，推进邮快合作建制村覆盖率超70%，快递进村成效显著。例如菜鸟速递生鲜寄递服务推动西湖龙井、洛阳樱桃、杭州塘栖枇杷和广东荔枝等生鲜平价寄；顺丰截至2023年年底建设村级驿站合作点超10万个，服务网络的乡镇覆盖率超93%，日处理乡镇包裹量226万件。

（四）推动"互联网+教育"发展

1. 加大顶层设计

2018年教育部组织实施《教育信息化2.0行动计划》，并在线上线下教学新模式、教育信息化建设等领域开展了大量的实践探索。2019年，中共中央、国务院印发《中国教育现代化2035》，将加快信息化时代教育变革作为教育现代化的十大战略任务之一，提出"建设智能化校园，统筹建设一体化智能化教学、管理与服务平台""建立数字教育资源共建共享机制"等要求。2020年，我国出台了《关于加强"三个课堂"应用的指导意见》，明确指出要支撑构建"互联网+教育"新生态，其中针对有效缩小区域、城乡、校际之间教育质量差距的迫切需求，将"名校网络课堂"作为三个课堂之一，提出以优质学校为主体，通过网络学校、网络课程等形式，系统性、全方位地推动优质教育资源在区域或全国范围内共享，更好满足学生对个性化发展和高质量教育的需求。

2. 加大教育宽带网建设

我国先后出台《关于推进教育新型基础设施建设构建高质量教育支撑体系的指导意见》《关于推进 IPv6 技术演进和应用创新发展的实施意见》，对于建设教育专网进行要求和指导，指出要依托国家电子政务外网和互联网已有建设基础，加大教育专网包括国家主干网、省级教育网和学校校园网三级网络的建设，实现网络地址、域名和用户的统一管理，推进 IPv6 技术演进和应用创新发展，提高网络服务质量。各省市加快布局教育专网建设。如宁夏规模化部署和 IPv6 等新一代网络技术，布局智慧教育新网络、新平台、新资源、新校园、新应用、新安全，推进信息技术与教育教学的融合。

3. 建设教育公共服务平台

在中小学教育方面，我国 2020 年 2 月开通"国家中小学网络云平台"，并在总结平台服务经验的基础上，于 2022 年 3 月将原云平台改版升级为"国家中小学智慧教育平台"。在高等教育方面，我国以 2013 年起步的慕课为基础支撑，打造全球课程规模最大、门类最全的"国家高等教育智慧教育平台"，首批上线的 2 万门课程是从 1 800 所高校建设的 5 万门课程中精选的优质课程，课程覆盖 13 个学科 92 个专业类。在职业教育方面，建设"国家职业教育智慧教育平台"，推动优质职教资源共建共享、学生学习与交流、教师教育教学与备课交流。在大学生就业方面，我国建设"国家 24365 大学生就业服务平台"，该平台为毕业生和用人单位提供"互联网+就业"服务，完善高校毕业生市场化社会化就业机制，推动毕业生更高质量就业。基于以上"国家中小学智慧教育平台""国家高等教育智慧教育平台""国家职业教育智慧教育平台""国家 24365 大学生就业服务平台"四个教育平台资源，我国综合打造了"国家智慧教育公共服务平台"，该平台自 2022 年 3 月上线后得到快速发展，到 2024 年 3 月浏览量、访客总量分别超过 373 亿、25.6 亿人次，覆盖了全球 215 个国家和地区。各省市也结合自身实际，推动地方教育公共服务平台建设。如河南省建设省级"互联网+教育"政务服务一体化平台，建立教育管理服务业务中台、数据中台、可信认证体系和大数据仓，制定教育基础数据、业务数据、数据交换等标准规范体系，并以该"互联网+教育"政务服务一体化平台为枢纽，推进各级各类教育管理平台、资源平台和第三方应用的深度聚合，构建"互联网+教育"大平台。

（五）推动"互联网+健康医疗"发展

1. 推动健康医疗数据汇聚

2018 年，我国出台《关于促进"互联网+医疗健康"发展的意见》，明确提出各地区、相关部门要协调推进统一权威、互联互通的全民健康信息平台建设，逐步实现与国家数据共享交换平台的对接联通，强化人口、公共卫生、医疗服务、医疗保障、药品供应、综合管理等数据采集，畅通部门、区域、行业之间的数据共享通道，促进全民健康信息共享应用。在该指导思想下，各地区加快推进健康医疗数据的汇聚，如山东省青岛市推动市级全民健康平台接入 10 个区市平台、15 个垂直业务系统和 3 498 家医疗机构，加速全市城乡居民医疗健康数据的汇聚；贵州省黔南州实施卫生健康大数据"聚通用"工程，制定出台《黔南州卫生健康数据规范集 V1.0》《黔南州卫生健康数据管理规则》，推动全州医疗健康数据的汇聚，并推动 38 家县级以上公立医院 164 项检查检验数据互通，实现医学检查检验结果共享互认。

2. 推动远程诊疗发展

随着数字技术在医疗领域的应用与发展，我国积极推动远程医疗的发展，以优化医疗资源配置、解决老百姓看病难和看病贵的问题。2020 年 10 月，工业和信息化部办公厅、国家卫生健康委办公厅联合发布《关于进一步加强远程医疗网络能力建设的通知》，提出从扩大网络覆盖、提高网络能力、推广网络应用、加强组织保障四个方面着手，增强远程医疗网络能力建设。2024年 3 月，国家卫生健康委医政司印发《关于进一步健全机制推动城市医疗资源向县级医院和城乡基层下沉的通知》，对"积极开展远程医疗"进行部署，提出各地要建立覆盖省、市、县、乡、村各级的远程医疗服务网络，积极开展远程医学影像、心电、病理诊断等远程医疗服务，推广"基层检查、上级诊断"的远程医疗服务模式。支援医院要指导基层医疗卫生机构规范开展检查并及时出具诊断意见。支援医院对受援医疗机构要积极开展远程会诊、查房、培训，拓宽帮扶形式、提高支援效率，如浙江建立健康乡村共富共享五级数智急救示范网，通过构建基于 5G 网络的远程急救指导体系，有效解决农村地区急诊医疗资源匮乏问题；江西省人民医院驻村工作队将远程医疗会诊平台固定建在村里，让村民在家门口就可以免费享受到省城专家远程会诊。

3. 大力发展互联网+医保服务

我国积极推动院前预服务方式，"先诊疗后付费""一次就诊付费一次"等新就诊和付费结算模式，提高城乡居民就医的便利性。在农村医疗服务方面，国家层面明确提出，乡镇卫生院全面推行辖区常住或参加基本医保的居民门急诊、住院就医过程中"先诊疗、后结算"一站式服务方式，提供多种付费渠道和结算方式；支持村卫生室通过实行乡村一体化管理等多种方式纳入当地医保定点管理，方便群众就近看病开药。我国部分地区加大互联网与医保服务的融合创新，如广东省广州市开发了平安健康 App 和微信小程序，医保参保人登录后即可使用医保在线支付购药；安徽省推广"床旁"结算服务，将结算窗口前移至病区，提供住院结算、住院费用支付、住院费用清单查询等服务。

（六）推进乡村治理数字化

1. 建设乡村治理数字平台

2022 年 5 月，农业农村部印发《关于深入推进智慧社区建设的意见》的通知，提出到 2025 年基本构建起网格化管理、精细化服务、信息化支撑、开放共享的智慧社区服务平台，初步打造成智慧共享、和睦共治的新型数字社区，社区治理和服务智能化水平显著提高。各地区加大创新探索，在利用数字技术提升乡村治理效能方面取得成效。重庆以社区（村）自治管理服务和老年人养老为两大中心，构建智慧社区一体化管理服务平台、智慧养老信息服务平台、养老服务机构管理信息系统、决策支持及监管系统四大系统，建立起云端一体化、线上线下一体化、城乡一体化、管理服务一体化的智慧社区（村）和智慧养老信息平台。四川省巴中市政府与移动公司合作开发了具备基础信息管理、村民互动、监控级联、便民服务等轻量化社会治理功能的数智乡村云平台，截至2023年6月已为122个乡镇、街道党委部署314个社区、村级平台，整合14万条基础信息上云，有效提升基层社会治理能力。

2. 创新乡村治理方式

各地区利用数字技术创新探索乡村治理模式。如黑龙江省牡丹江市西安区建设集数字政务、智慧党建、基层治理、应急管理、智慧农业、乡村产业等功能于一体的数字乡村智慧平台，其中重点打造数字图书馆，集聚党建书籍、农技书籍、生活杂志等资源，让村民可利用碎片化时间获取知识；四川省凉山州建设专属云池满足对大数据算力、AI能力、数据存储、数据安全、高速网络、5G连接等方面的能力需求，基于数智能力开放实现防返贫监测资源共享，通过人工智能识别能力和算法能力对多项致贫因素进行监测，从而对返贫风险做到及时发现、预警和帮扶。

（七）强化数字赋能乡村发展的政策保障

我国出台了系列重要文件，召开了相关会议，围绕网络扶贫、数字乡村建设进行安排部署，构建了数字化赋能乡村振兴的政策保障体系（见表2-7）。

表2-7 数字化与乡村发展重要文件及相关会议

文件名	主要内容	时间
《网络扶贫行动计划》	实施"网络覆盖工程、农村电商工程、网络扶智工程、信息服务工程、网络公益工程"五大工程	2016年

续表

文件名	主要内容	时间
全国网络扶贫工作现场推进会	提出要多方合力极大释放"数字红利",让"网络红利"广泛充分惠及贫困地区人民,真正实现"用得上、用得起、用得好"的互联网,不让贫困地区、人口在信息化时代掉队	2016年
《中共中央国务院关于实施乡村振兴战略的意见》	首次提出"数字乡村"概念,明确提出要实施数字乡村战略。提出实施数字乡村战略,做好整体规划设计,加快农村地区宽带网络和第四代移动通信网络覆盖步伐,开发适应"三农"特点的信息技术、产品、应用和服务,推动远程医疗、远程教育等应用普及,弥合城乡数字鸿沟。提升气象为农服务能力	2018年
《关于推进网络扶贫的实施方案（2018—2020年）》	提出到2020年,全国12.29万个建档立卡贫困村宽带网络覆盖比例超过98%。保障建档立卡贫困人口方便快捷接入高速、低成本的网络服务,保障各类网络应用基本网络需求,更多建档立卡贫困人口都有机会通过农村电商、远程教育、远程医疗等享受优质公共服务、实现家庭脱贫,高速宽带网络助力脱贫攻坚的能力显著增强	2018年
《乡村振兴战略规划（2018—2022年）》	夯实乡村信息化基础。深化电信普遍服务,加快农村地区宽带网络和第四代移动通信网络覆盖步伐。实施新一代信息基础设施建设工程。实施数字乡村战略,加快物联网、地理信息、智能设备等现代信息技术与农村生产生活的全面深度融合,深化农业农村大数据创新应用,推广远程教育、远程医疗、金融服务进村等信息服务,建立空间化、智能化的新型农村统计信息系统。在乡村信息化基础设施建设过程中,同步规划、同步建设、同步实施网络安全工作	2018年
《数字乡村发展战略纲要》	到2020年,数字乡村建设取得初步进展。全国行政村4G覆盖率超过98%,农村互联网普及率明显提升。农村数字经济快速发展,建成一批特色乡村文化数字资源库,"互联网+政务服务"加快向乡村延伸。网络扶贫行动向纵深发展,信息化在美丽宜居乡村建设中的作用更加显著。	2019年

续表

文件名	主要内容	时间
	到2025年，数字乡村建设取得重要进展。乡村4G深化普及、5G创新应用，城乡"数字鸿沟"明显缩小。初步建成一批兼具创业孵化、技术创新、技能培训等功能于一体的新农民新技术创业创新中心，培育形成一批叫得响、质量优、特色显的农村电商产品品牌，基本形成乡村智慧物流配送体系。乡村网络文化繁荣发展，乡村数字治理体系日趋完善。 到2035年，数字乡村建设取得长足进展。城乡"数字鸿沟"大幅缩小，农民数字化素养显著提升。农业农村现代化基本实现，城乡基本公共服务均等化基本实现，乡村治理体系和治理能力现代化基本实现，生态宜居的美丽乡村基本实现。 到本世纪中叶，全面建成数字乡村，助力乡村全面振兴，全面实现农业强、农村美、农民富	
《2020年网络扶贫工作要点》	部署坚决打赢疫情防控阻击战、集中力量打好深度贫困歼灭战、优先帮扶特殊贫困群体、以信息化支撑返贫人口和新发生贫困人口的监测预警、深化网络扶贫东西部协作、巩固提升网络扶贫工程成效、建立网络扶贫长效机制、压实工作责任和狠抓任务落实8个方面28项重点任务	2020年
《数字乡村建设指南1.0》	数字乡村建设的总体参考架构、信息基础设施、公共支撑平台、乡村数字经济、智慧绿色乡村、乡村网络文化、乡村数字治理、信息惠民服务、建设发展模式、建设过程管理、保障体系建设	2021年
《2022年数字乡村发展工作要点》	部署构筑粮食安全数字化屏障、持续巩固提升网络帮扶成效、加快补齐数字基础设施短板、大力推进智慧农业建设、培育乡村数字经济新业态、繁荣发展乡村数字文化、提升乡村数字化治理效能、拓展数字惠民服务空间、加快建设智慧绿色乡村、统筹推进数字乡村建设10个方面30项重点任务	2022年
《数字乡村发展行动计划（2022—2025年）》	部署数字基础设施升级行动、智慧农业创新发展行动、新业态新模式发展行动、数字治理能力提升行动、乡村网络文化振兴行动、智慧绿色乡村打造行动、公共服务效能提升行动、网络帮扶拓展深化行动8个方面的重点任务	2022年

续表

文件名	主要内容	时间
《2023年数字乡村发展工作要点》	部署夯实乡村数字化发展基础、强化粮食安全数字化保障、提升网络帮扶成色成效、因地制宜发展智慧农业、多措并举发展县域数字经济、创新发展乡村数字文化、提升乡村治理数字化水平、深化乡村数字普惠服务、加快建设智慧绿色乡村、保障数字乡村高质量发展10个方面26项重点任务	2023年
《2024年数字乡村发展工作要点》	部署筑牢数字乡村发展底座、以数字化守牢"两条底线"、大力推进智慧农业发展、激发县域数字经济新活力、推动乡村数字文化振兴、健全乡村数字治理体系、深化乡村数字普惠服务、加快建设智慧美丽乡村、统筹推进数字乡村建设9个方面28项重点任务	2024年
《数字乡村建设指南2.0》	建设内容：乡村数字基础设施、涉农数据资源、智慧农业、乡村数字富民产业、乡村数字文化、乡村数字治理、乡村数字惠民服务和智慧美丽乡村	2024年

注：上表根据涉及的相关文件整理所得。

二、我国数字化赋能乡村振兴存在的主要问题

（一）农业数字化发展不平衡不充分

一是我国农业生产数字化水平仍有待提升。我国大力推动农业数字化转型并取得显著成效，2021年和2022年全国农业生产信息化率分别为25.4%、27.6%，但与美国、日本、荷兰、法国等智慧农业发展较早的国家相比，农业生产的精细化和智能化程度仍存在差距。二是我国农业数字化发展不平衡。我国地域广袤，各省市农村地区资源禀赋、地形地貌、自然条件千差万别，经济水平和发展环境存在差异，导致地区间农业数字化发展水平并不相同，如2021年我国西部地区农业生产信息化率为19.1%，落后东部地区10.1个百分点、中部地区14.3个百分点。

（二）乡村数字人才匮乏

我国小农户数量占农业经营主体 98% 以上，小农户从业人员在农业从业人员中的占比达到九成[①]，是主要的农业经营主体。但我国小农户普遍存在着文化程度低、年龄偏大、数字化素养低等情况。同时，我国新型农业经营主体存在培育和发展不足、融资供求对接不顺畅、农业社会服务发展较滞后等情况，制约了新型农业经营主体的发展，导致经营主体规模偏小、创新能力不足、数字技术掌握和应用不够等问题。乡村人才流失严重，外部人才下沉乡村动力不足，乡村数字人才匮乏，难以满足数字化赋能乡村发展的人才需求。

（三）乡村数字基础设施建设和应用拓展不足

乡村数字基础设施建设和维护成本高，建设进度远落后于城市，5G 和千兆光纤网络在乡村的建设仍有待进一步推进。部分乡村地区因统筹规划不足，出现数字基础设施布局不合理的问题，导致生产生活数字化转型缺乏基础性支撑。同时，乡村数字基础设施场景应用的建构和开发不够，更多布局于农村生活场景，而向生产经营场景延伸不足。

---

① 数据来源：第三次全国农业普查主要数据公报。

第三章

数字化赋能乡村振兴的效应分析

第一节 数字化和乡村振兴水平测度

一、指标体系构建

(一) 指标体系构建原则

构建多维度、多层次的指标体系是当前学者们研究数字化水平或者乡村振兴主要采取的方法。本研究根据中共中央、国务院印发的《数字中国建设整体布局规划》《乡村振兴战略规划（2018—2022年）》以及近年来中央一号文件，参考相关政策文件以及众多学者的研究成果，同时充分考虑指标的科学性、系统性、层次性、可操作性，构建科学合理的指标体系。

1. 科学性

选择合适的指标体系是实现数字化和乡村振兴水平测度的关键，它不仅能够准确地反映出各个子系统之间的协作情况，还可以揭示出当前存在的问题，从而保证测度效果的可靠性。

2. 系统性

为了更好地反映数字化和乡村振兴的发展，需要构建一个系统全面的指标体系，既简单易懂，又清晰明了，可以把握重点，并且精准地确定关键的参量，以便更准确地捕捉现状。

3. 层次性

在构建数字化与乡村振兴发展水平指标体系时，应当明确主次，合理划分评价指标的层次，以确保每一层次的指标都能够准确反映被评估对象的实际情况，并且可以通过计算子系统内部的秩序性和系统之间的协作程度，为数字化和乡村振兴的发展提供有效的反馈信息，供相关部门决策参考，完善数字化赋能乡村振兴的政策。

4. 可操作性

在初始构建的指标集合中，可能会存在一些指标数据无法获取或者获取和处理方式非常复杂。因此，需要考虑剔除那些不易获取且对评价结果影响不大的指标，或者采用更加容易处理的方式来处理指标数据，以便最终形成的指标体系更加便捷、可操作。

（二）数字化水平评价指标体系构建

根据数字化的具体内涵、应用领域和技术特点，围绕数字化发展的基础与应用过程选取相关指标，基于客观性、全面性、系统性和科学性的原则，借鉴韩璐（2021）、金灿阳（2022）等学者的指标选取方式和其他相关研究成果构建数字化水平测度指标体系。从数字基础设施、数字产业化、产业数字化和数字科研创新 4 个一级指标，互联网宽带接入端口等 20 个二级指标对数字化水平进行评价（见表 3-1）。

表 3-1 数字化水平评价指标体系

目标层	一级指标	二级指标	单位	属性	权重
数字化水平评价指标体系	数字基础设施	互联网宽带接入端口	万个	正向	0.274
		网页数	万个	正向	
		域名数	万个	正向	
		移动电话交换机容量	万个	正向	
		长途光缆线路长度	万公里	正向	
		已通邮的行政村比重	%	正向	
	数字产业化	电信业务总量	亿元	正向	0.227
		邮政业务总量	亿元	正向	
		软件业务收入	万元	正向	
		信息传输、软件和信息技术服务业城镇单位就业人员	万人	正向	
		电子商务采购额	亿元	正向	

续表

目标层	一级指标	二级指标	单位	属性	权重
	产业数字化	北大数字普惠金融指数	-	正向	0.273
		有电子商务交易活动的企业数	个	正向	
		每百家企业拥有网站数	个	正向	
		函件数	亿件	正向	
	数字科研创新	规模以上工业企业R&D经费	万元	正向	0.226
		规模以上工业企业R&D人员全时当量	人年	正向	
		发明专利授权量	项	正向	
		技术市场成交额	亿元	正向	
		普通高等学校本专科授予学位数	万人	正向	

　　数字基础设施是数字化发展的前提，数字产业化是随着数字化程度加深产生的新兴产业，是数字经济的核心产业部分；产业数字化是数字化与第一、二、三产业之间的联系、融合、扩展，是传统产业的升级和再造；数字科研创新是数字化技术与经济活动、人文活动结合的创新环境。因此，选择数字基础设施、数字产业化、产业数字化和数字科研创新作为一级指标。

　　完善的数字基础设施是数字化得以发展壮大的重要基础，互联网宽带接入端口、网页数、域名数、移动电话交换机容量、长途光缆线路长度、已通邮的行政村比重都是通过现代化手段构建网络设施，也是承载信息、实现信息共享的重要基础设施。随着这些基础设施的建设，数字化发展的基础性支撑将更加有力。因此，选择这6个二级指标衡量数字基础设施的发展水平。

　　数字产业化的不断深入将为大规模的产业化活动提供强有力的支撑，而且，随着数字产业化的不断推进，信息产业的发展也将得到显著的改善和提升，电信业务总量、邮政业务总量、软件业务收入、电子商务采购额以及信息传输、软件和信息技术服务业城镇单位就业人员能够反映数字化时代的软件和信息技术发展水平。因此，选择这5个二级指标衡量数字产业化发展水平。

产业数字化改变了传统的经济发展模式，产业链上下游的全要素数字化升级，将使得产业发展更加高效、更加可持续。数字普惠金融指数反映出金融行业的数字化水平，通过观察有电子商务交易活动的企业数、每百家企业拥有网站数、函件数，可以分析企业对于数字化技术的应用情况。因此，选择这4个二级指标衡量数字产业化发展水平。

R&D经费支出、R&D人员全时当量、发明专利授权量、技术市场成交额、普通高等学校本专科授予学位数反映了支撑数字化发展的创新环境和未来数字化可持续发展能力。因此，选择这5个二级指标衡量数字科研创新水平。

（三）乡村振兴发展水平评价指标体系构建

《中共中央 国务院关于实施乡村振兴战略的意见》《乡村振兴战略规划（2018—2022年）》明确指出，乡村振兴战略的总要求为"产业兴旺、生态宜居、乡风文明、治理有效、生活富裕"。基于对乡村振兴内涵的理解，借鉴杨玉敬（2022）、徐雪（2022）、李燕凌（2022）等学者的研究成果，本研究从产业兴旺、生态宜居、乡风文明、治理有效和生活富裕5个一级指标，粮食单位产量等24个二级指标来评价乡村振兴发展水平（见表3-2）。

表3-2 乡村振兴发展水平评价指标体系

目标层	一级指标	二级指标	单位	属性	权重
乡村振兴发展水平评价指标体系	产业兴旺	粮食单位产量	吨/公顷	正向	0.187
		第一产业增加值占GDP比重	%	正向	
		人均农业机械总动力	千瓦特/人	正向	
		地方财政农林水事务支出	亿元	正向	
	生态宜居	单位面积农用化肥施用量	吨/千公顷	负向	0.187
		人均公园绿地面积	平方米/人	正向	

续表

目标层	一级指标	二级指标	单位	属性	权重
		供水普及率	%	正向	
		农村生活垃圾处理情况	-	正向	
		公共厕所普及率	%	正向	
	乡风文明	农村居民5岁及以上文盲人口数	人	负向	0.188
		农村居民教育文化娱乐支出占比	%	正向	
		每万人拥有乡镇文化站数量	个/万人	正向	
		人均拥有公共图书馆藏量	册/人	正向	
	治理有效	每万人拥有乡村卫生技术人员数	人/万人	正向	0.187
		地方财政一般公共服务支出	亿元	正向	
		第一产业法人单位数	个	正向	
		工业污染治理完成投资	万元	正向	
		人均道路面积	平方米/人	正向	
	生活富裕	城乡居民收入差距	-	负向	0.251
		农村居民人均消费支出	元	正向	
		农村居民恩格尔系数	-	负向	
		农村宽带接入率	%	正向	
		人均拥有太阳能热水器面积	平方米/人	正向	
		农村居民最低生活保障人数	万人	负向	

产业兴旺是乡村振兴的重点，乡村生产力水平的提高，有助于实现农业现代化转型、产业绿色发展和融合发展，为乡村振兴其他领域的振兴提供物质经济保障。选取粮食产量、第一产业增加值占比、农业机械总动力、地方财政农林水事务支出4个指标衡量乡村产业基础和发展水平。

生态宜居是乡村振兴的关键，保护农业农村生态环境能够为乡村居民创造更舒适的人居环境条件。选取单位面积农用化肥施用量、人均公园绿地面积、供水普及率、农村生活垃圾处理情况[（生活垃圾中转站数+环卫专用车辆设备数）/乡村人口]、公共厕所普及率 5 个指标衡量乡村生态宜居水平。

乡风文明是乡村振兴的保障，保护并继承乡村优秀传统文化，能够为建设和美乡村提供优良的人文环境氛围。本研究选取农村居民 5 岁及以上文盲人口数、农村居民教育文化娱乐支出占比、每万人拥有乡镇文化站数量、人均拥有公共图书馆藏量 4 个指标对乡风文明程度进行衡量。

治理有效是乡村振兴的基础，乡村发展离不开组织规划，强健的治理队伍和高效的治理效率能够为乡村振兴提供坚实的组织保障。因此，本研究选取每万人拥有乡村卫生技术人员数、地方财政一般公共服务支出、第一产业法人单位数、工业污染治理完成投资、人均道路面积 5 个指标，对乡村综合治理水平和效果进行衡量。

生活富裕是乡村振兴的根本，是实现满足农民对美好生活需要的终极目标。本研究选取城乡居民收入差距、农村居民人均消费支出、农村居民恩格尔系数、农村宽带接入率、人均拥有太阳能热水器面积、农村居民最低生活保障人数 6 个指标对农村居民的收入水平、消费水平、生活条件、社会保障水平进行衡量。

二、指标测算方法和数据来源

（一）熵值法

熵值法是根据指标的相对变化对总体的影响来客观确定指标权重的一种评价方法。此方法测算出来的整体指数易于比较的原因是它能够避免主观性影响并且可以将整个决策过程数量化、层次化。本研究所用的是基于熵值法的综合评价模型中的一种，即模糊综合评判模型。其不仅包含了熵值法的优良性质，还在数据标准化处理方面进行了优化。

1. 构建判断矩阵

构建 m 个对象 n 个评价指标的判断矩阵，其中 x_{ij} 是第 j 个对象的第 i 个评价指标的取值：

$$R = (x_{ij})_{nm} = \begin{bmatrix} x_{11} & x_{12} & \cdots & x_{1m} \\ x_{21} & x_{22} & \cdots & x_{2m} \\ \vdots & \vdots & \ddots & \vdots \\ x_{n1} & x_{n2} & \cdots & x_{nm} \end{bmatrix} (i=1,2,\cdots,n; j=1,2,\cdots,m) \quad 式（3.1）$$

2. 指标数据标准化处理

由于各个指标有不同的单位和量纲，所以不能对其直接进行计算，故在确定各个指标的权重前需要对原始数据进行标准化处理，本研究采用的是改进的功效系数法：

对于正向指标 x_{ij}，其标准化值设定为：

$$b_{ij} = \frac{(x_{ij} - x_{\min})}{(x_{\max} - x_{\min})} \times p + q \quad 式（3.2）$$

对于负向指标 x_{ij}，其标准化值设定为：

$$b_{ij} = \frac{(x_{\max} - x_{ij})}{(x_{\max} - x_{\min})} \times p + q \quad 式（3.3）$$

其中，$x_{\max}$ 和 $x_{\min}$ 为同一评价指标下不同对象中最大指标值和最小指标值，p 值和 q 值按功效系数法中的取值原则分别取 0.9 和 0.1，由此标准化指标值的取值范围是[0,1]，这样既可以体现出不同对象的指标值之间的差异，又能够避免标准化后的指标值差异过大对数据分析的影响，据此可以构建标准化的判断矩阵：

$$B = (b_{ij})_{nm} = \begin{bmatrix} b_{11} & b_{12} & \cdots & b_{1m} \\ b_{21} & b_{22} & \cdots & b_{2m} \\ \vdots & \vdots & \ddots & \vdots \\ b_{n1} & b_{n2} & \cdots & b_{nm} \end{bmatrix} (i=1,2,\cdots,n; j=1,2,\cdots,m) \quad 式（3.4）$$

3. 计算熵值

m 个评价对象 n 个评价指标的熵为：

$$H_i = -\sum_{j=1}^{m} f_{ij} \ln f_{ij} / \ln m \, (i=1,2,\cdots,n; j=1,2,\cdots,m) \qquad 式（3.5）$$

其中，$f_{ij} = (1+b_{ij}) / \sum_{j=1}^{m}(1+b_{ij})$

计算第 i 个指标的差异系数 G_i：

$$G_i = (1-H_i) / \left(n - \sum_{i=1}^{n} H_i\right), \ 当 0 \leqslant G_i \leqslant 1 时, \sum_{i=1}^{n} G_i = 1 \qquad 式（3.6）$$

其中，指标的差异系数的值越大，熵值就越小，对整体系统的影响就越大。

计算评价指标的熵权 w_i 和权重矩阵 W：

$w_i = G_i / \sum_{i=1}^{n} G_i$，由于 $\sum_{i=1}^{n} G_i = 1$，故差异系数即为所求权重，且权重也满足 $\sum_{i=1}^{n} w_i = 1$：

$$W = (w_i)_{1 \times n} = w_1 w_2, \cdots, w_n \qquad 式（3.7）$$

利用上面所求出的评价指标权重矩阵 $W = (w_i)_{1 \times n}$ 和标准化判断矩阵 $B = (b_{ij})_{nm}$ 进行模糊综合运算，得出各评价对象的得分：

$$S = (s_i)_{1 \times m} = W \times B = w_1 w_2, \cdots, w_n \times \begin{bmatrix} b_{11} & b_{12} & \cdots & b_{1m} \\ b_{21} & b_{22} & \cdots & b_{2m} \\ \vdots & \vdots & \ddots & \vdots \\ b_{n1} & b_{n2} & \cdots & b_{nm} \end{bmatrix} \qquad 式（3.8）$$

（二）数据来源

本研究的面板数据时间跨度为 2010—2022 年，由于所查找的数据中西藏自治区、港澳台地区数据部分年度存在缺失值，受限于数据的全面性和连续性影响，为保障实证结果的科学性，选取我国 30 个省、自治区、直辖市研究数字化对乡村振兴的影响。[①]数据主要来源于国家统计局、EPS 数据库、各省市历年统计年鉴、《中国统计年鉴》《中国农村统计年鉴》《中国人口和就业

---

① 特别说明：本章后文在提到"我国 30 个省、自治区、直辖市的数据"时，均为不包含西藏自治区和港澳台地区的数据。

统计年鉴》以及《中国城乡建设统计年鉴》，数字普惠金融指数来源于北大公布的官方数据，农村居民恩格尔系数为自行测算，是由农村居民家庭中食物支出的消费占农村家庭消费总支出的比重计算得出，部分缺失值采用插值法补齐。

三、数字化水平测度结果分析

利用熵权法计算 2010—2022 年我国 30 个省、自治区、直辖市数字化水平综合指数，并根据我国东中西部地区划分标准，对区域和省域数字化水平发展情况进行分析。

2010—2022 年，全国数字化发展水平从 0.238 上升到了 0.337，数字化发展成果显著，为全国经济发展注入了新的活力，推动经济发展迈向更高水平。从数字基础设施、数字产业化、产业数字化、数字科研创新等一级指数来看，均呈现总体上升趋势。其中，数字基础设施、产业数字化两个指标得分较高，数字产业化指标得分在 2010—2020 年增长较快，数字科研创新持续保持稳定的增长态势（见图 3-1）。

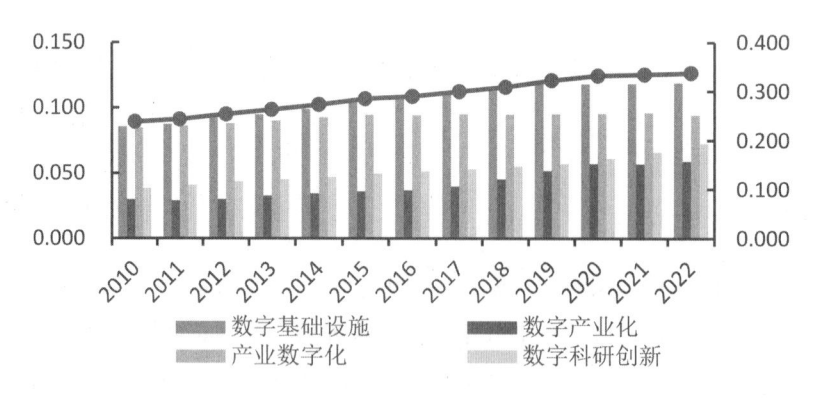

图 3-1 2010—2022 年全国数字化水平及四个维度指标

分区域来看，2010—2022 年我国东中西部地区数字化水平指数均呈不断升高的趋势。到 2022 年，东、中、西部地区的数字化水平综合指数分别为 0.416、0.316、0.267，西部与中部地区的发展水平相差不大，且两者远远落后于东部地区的数字化水平。这是因为东部地区大部分省份临海，进出口贸易多，同时本身的经济基础好，共同促进数字化水平发展。东部地区 2010 年数字化平均水平为 0.272，2022 年增长到了 0.416，增幅达到 52.9%；中部地区 2010 年数字化平均水平为 0.233，2022 年增长到了 0.316，增幅达到 35.6%；西部地区 2010 年数字化平均水平为 0.208，2022 年增长到了 0.267，增幅达到 28.4%。（见图 3-2）。

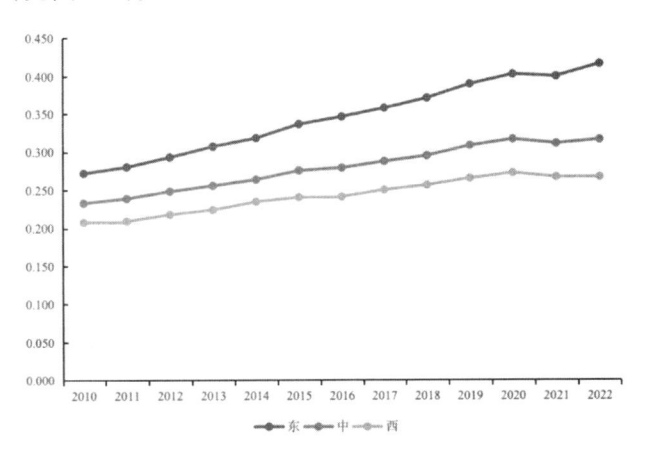

图 3-2　2010—2022 年东中西部地区数字化水平指数

从具体省份来看，各省份数字化水平综合指数逐年增长，数字化水平总体呈上升趋势。其中，2010—2022 年数字化水平增幅较大的有广东、北京、江苏、上海、浙江、山东、四川、河南、湖北、湖南、安徽。2022 年，东部地区浙江、北京、广东、江苏、山东、上海，中部地区河南、湖北，西部地区四川、重庆的数字化水平相对较高。

四、乡村振兴发展水平测度结果分析

基于熵值法计算出 2010—2022 年我国 30 个省、自治区、直辖市乡村振兴发展水平综合指数，并进行分析。

2010—2022 年，我国高度重视农业农村发展，立足于消除绝对贫困、发展农村地区和缩减城乡差距，强力推动乡村发展，全国乡村振兴水平指数持续增长。脱贫攻坚时期，我国向深度贫困堡垒发起总攻，到 2020 年底现行标准下近 1 亿农村贫困人口全部脱贫、832 个贫困县全部摘帽，决战脱贫攻坚取得决定性胜利。根据本研究测算，2020 年乡村振兴发展指数已上升至 0.476。2021—2022 年，我国着力推进巩固拓展脱贫攻坚成果与乡村振兴有效衔接，乡村振兴发展水平指数持续上升，到 2022 年达到 0.488。从产业兴旺、生态宜居、乡风文明、治理有效、生活富裕五个一级指标看，均呈现出总体上升态势。其中，生活富裕指标增长迅速，乡风文明指标得分较高，产业兴旺、生态宜居、治理有效三个指标保持稳定增长（见图 3-3）。

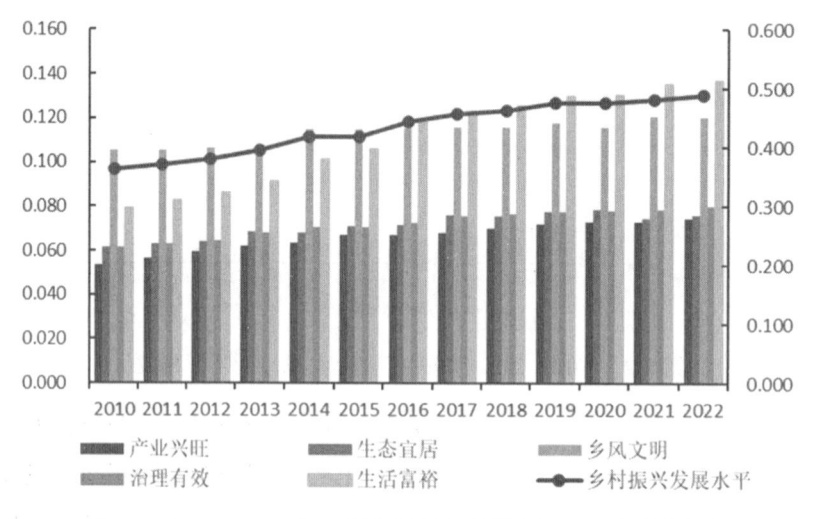

图 3-3　2010—2022 年全国乡村振兴发展水平及五个维度指标

分区域来看，2010—2022 年我国东中西部地区乡村振兴发展水平均呈上升趋势。到 2022 年，东、中、西部地区的乡村振兴发展指数分别为 0.486、0.526、0.464。从时间段看，2010—2015 年，东中部地区的乡村振兴发展步伐较为一致，均呈稳定上升趋势，但在 2015 年后，中部地区的乡村振兴发展水平超过东部地区。这可能是因为在精准扶贫、精准脱贫的推进下，政策向中西部地区倾斜，且中部地区拥有多个产粮大省，乡村发展成效更为显著。西部地区一直处于较低的乡村振兴发展水平，但 2015 年后的增长速度有明显提升（见图 3-4）。

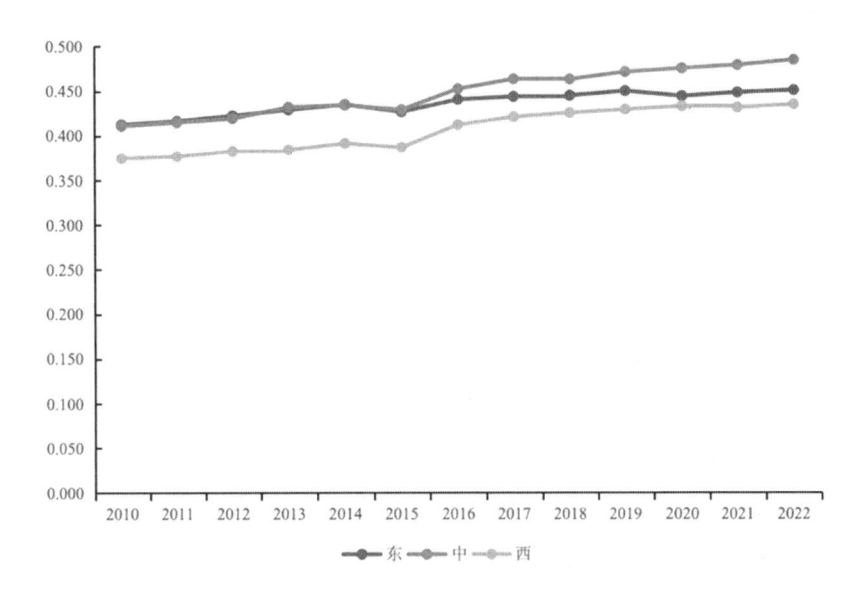

图 3-4　2010—2022 年东中西部地区乡村振兴发展水平指数

东部地区在 2010—2022 年，除乡风文明外，其他子系统呈上升态势。其中治理有效和生活富裕两个子系统的上升速度较快，并且生活富裕远高于其他子系统，一直位居第一。随着经济社会的快速发展，生活富裕子系统呈现出明显的上升趋势，仅在 2019—2020 年由于受到疫情的影响有所下降；治理有效子系统虽在初期排名最后，但由于其发展水平的提升速度快，在 2016 年之后，其排名超过产业兴旺至第四名，说明东部地区的治理方式和效果得到有效改善；产业兴旺子系统在 2010—2022 年一直保持着平稳的上升趋势，仅在 2015—2016 年有较小的下降趋势，说明东部地区的农业生产受到宏观因素影响较小；生态宜居子系统排名第二，在 2017—2018 年有微小的下降趋势，可能是因为在此期间经济水平与人们生活水平的显著提高给生态环境带来的一些负面冲击造成的；乡风文明子系统的变化趋势呈现"凸"型的现象，在 2010—2013 年其指标值呈下降趋势，2013—2019 年有上升趋势，但幅度较小，在 2019 年之后乡风文明子系统指标值有所下降，因此应注意加强乡村文明的建设（见图 3-5）。

063

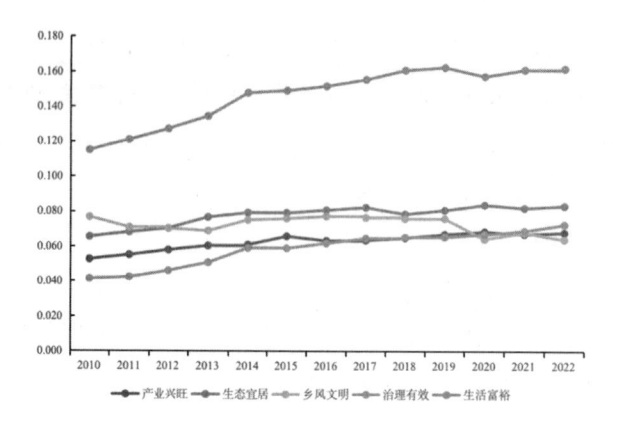

图 3-5 2010—2022 年东部地区乡村振兴各子系统情况

中部地区除乡风文明子系统的上下波动幅度较大之外，其他四个子系统均总体呈现上升态势。其中生活富裕子系统稳居第一，并且具有明显的上升趋势；治理有效子系统虽然其指标值排名最后，但同东部地区一样保持快速增长势头，说明东中部地区对乡村治理都非常重视；乡风文明子系统虽然波动幅度大，但其指标值在研究期内保持前三位；生态宜居子系统虽整体上呈上升趋势，但在 2013—2016 年呈现出较大幅度的下降；与东部地区不同的是，中部地区的产业兴旺子系统发展较好，其指标值排名第三，到 2020 年之后上升至第二位，其原因可能是中部地区多为我国的粮食种地，可以持续保证农林牧渔业的稳速发展（见图 3-6）。

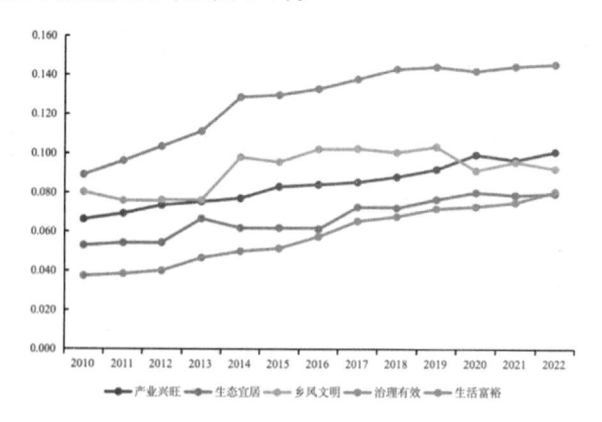

图 3-6 2010—2022 年中部地区乡村振兴各子系统情况

西部地区生活富裕子系统发展趋势强劲，其原因是西部地区农民生活水平相对较低，在精准扶贫、精准脱贫战略推进下，农民增收效应明显，生活水平快速提升。乡风文明子系统先增后减，下降趋势发生在2019—2022年，其原因可能是受到疫情的较大影响，但是其排名一直稳居第二；治理有效子系统虽然排名最后，但同样呈现较快的上升趋势；产业兴旺和生态宜居子系统指标值分别排第三和第四，其变化趋势同中部地区类似，说明生态宜居与产业兴旺子系统之间保持着良好的平衡。因此，应加快新时代推动西部大开发的步伐，满足人民物质生活和精神生活的追求（见图3-7）。

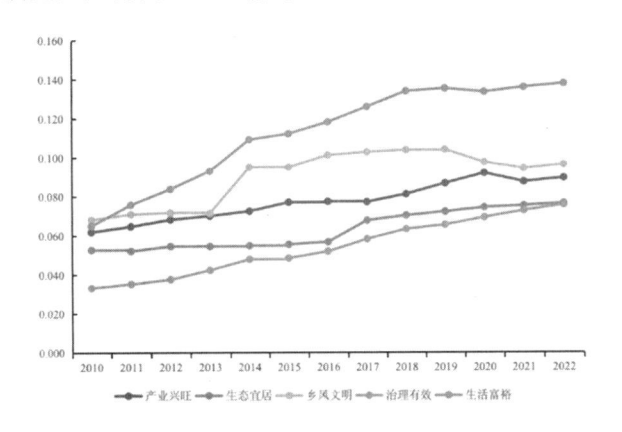

图 3-7 2010—2022 年西部地区乡村振兴各子系统情况

第二节 数字化对乡村振兴影响效应分析

一、数字化对乡村振兴影响的理论机制与研究假设理论分析

（一）数字化对乡村振兴的直接影响机制

从现有文献看，对于数字化赋能乡村振兴的研究，大多数学者是分析数字化对乡村振兴五个总目标的影响机制。

1. 数字化能够推动农村产业发展，促进产业兴旺

首先，在农产品的生产方面，数字技术对农业的渗透和延伸，如航空无

人机、卫星遥感等，能对农作物生产的全过程进行精细化管理，大大降低了农民的劳动强度，农业的生产效率得到了极大的提高。其次，在农产品的加工和流通方面，区块链、大数据、云平台等数字技术，能对每个环节进行精准的监测和追溯，在保证农产品质量安全的同时，还可以减少乡村产业市场经营主体之间的信息不对称，保障信息沟通的及时性，降低交易成本，这有助于构建新型农业经营体系，提升产业分工协作的有效性，促使产业链升级。最后，数字经济可以促使农业与第二产业结合，形成智慧农机制造、农产品深度加工等多种形式的一二产业融合发展模式，还可以促使农业与第三产业结合，形成智慧生态观光旅游、"三农"自媒体、乡村智慧物流体系等一三产业融合发展模式，最终通过一二三产业融合畅通，激发农业生产活力，推动农业由单一生产型向多功能的生产、生活、生态型产业转变，进一步推动现代农业生产体系的建设。数字化推动农村多元化多业态产业融合发展，李翔、宗祖盼（2020）指出数字化乡村可以弥补乡村文化产业的技术短板。王瑞峰等（2022）认为电商技术在"三农"领域的推广与应用，改变了传统乡村产业实践逻辑，激发了乡村产业转型升级的活力。田霖等（2022）从数字普惠金融角度验证其对乡村产业兴旺的促进作用，具体表现为数字普惠金融通过提高金融服务的覆盖范围、优化农村资源要素配置，促使农业机械现代化，同时解决信息差问题，为中小型企业注入资本动力，提高乡村产业市场竞争力，提升乡村生产效益水平。

2. 数字化通过推动农村生产生活绿色化和生态保护，促进生态宜居

数字化赋能乡村振兴有效地改善了乡村生态环境，具体表现在：一是数字化有利于农业清洁生产。较之工业经济条件下的农业、制造业和服务业，数字化可以克服传统工业经济下的高物耗、高能耗、高污染和低效益，发挥其边际成本低、附加值高、要素周转快等特性，使数字化比工业经济更具清洁性。随着物联网的发展，在农业生产过程中利用数字技术精细化施放化肥、农药等生产要素，使数字农业更加精准、清洁，有利于保护农村的生态环境（秦秋霞，2021）。借助数字普惠金融的引导作用加大对绿色农业、低碳项目

的资金支持（何雷华，2022），从而减轻乡村环境压力。总体来看，数字化为农业清洁生产提供了新的技术手段，从而使数字农业具有高效、低耗、清洁等特征。二是数字化能够促进农业高效治污。通过增加农村地区遥感设备收集数据，并通过数字技术及云平台处理数据，能够了解当前农村生态环境的主要问题并有针对性地出台相关举措。通过监控记录农产品种植、培育等过程的信息，并通过数字化平台处理这些信息，以此督促农民采取措施，降低对生态环境的破坏。与此同时，将先进的农业防污治污技术与相关的平台数据相结合（张蕴萍，2022），能有效促进农村产业绿色化转型，为数字化赋能乡村振兴奠定坚实基础。梁晓贺等（2023）指出，区块链技术的创新应用将在农业面源污染治理制度和模式上进行突破，保障农业面源污染治理信息的安全性，促进相关利益主体行为得到有效监管，降低治理成本和复杂度，形成政府和农业生产经营主体间信息自由传递、流动的立体网络和治理逻辑。

3. 数字化助力农村居民整体素质提升和优秀乡村文化传承发展，实现乡风文明

首先，有助于更好满足村民精神文化需求。过去村民仅能通过报纸、纸质宣传单了解外面的世界，文化接收渠道仅限于文化广场、文化演出等。数据媒介使得村民仅需要一部移动手机联网，就可以在微信、快手、抖音等平台获取文化资源，同时大数据还会根据个人浏览特点自动匹配村民喜欢观看的新闻、视频，使得信息获取渠道多元化、获取内容丰富化、获取信息智能化，从而提升村民综合素质。其次，有助于提升农村居民整体素质。农村居民通过参加远程教育网络培训和线下培训，学习党的政策、法律法规，接受农业科技培训，实现向新型农民的转型。同时，"互联网+教育"的发展提升了农村义务教育的质量。宗梦洁（2023）认为数字经济能助推教育质量的提升，指出"互联网+教育"是惠及农村学生的重要创新举措。过去农村学生接受知识的渠道仅限于课堂与书本，在乡村一线的教师由于长时间耕耘于乡村教育，自身知识素养难以与时俱进，导致农村学生不论在知识还是见识均与城市学生差很多。"互联网+教育"改变了这一困境，借助互联网，农村学生

通过远程课堂接受城市优秀教师课程讲授，打破了教育的地域限制，实现更加公平地享受教育资源。乡村教师也可以通过远程培训、视频交流会等多种方式及时更新自身的知识体系，丰富和改善授课内容和授课方式。再次，有助于保护传承乡村文化。优秀的乡村传统文化具有重要价值，数字技术的应用有助于促进乡村文化的传播与发展。互联网的普及和抖音等平台的应用，使得文化输出渠道更加广泛。农民可以通过录制短视频等方式分享农村的日常生活、传统节日、农业生产过程以及各种手工艺品制作等，既将当下的生产生活记录下来，为以后研究留下宝贵的素材，也向外界展示不同地区的特色，增强文化自信。同时，利用数字技术还可以为濒临失传的民间工艺、民俗文化开辟出新的发展之路，借助于网络平台，以观众喜闻乐见的方式进行讲解，增加文化认同感，吸引广大文化爱好者关注和保护非物质文化遗产，培育新一代传承人。

4. 数字化助力推进乡村治理体系和治理能力现代化，实现治理有效

首先，数字技术有机融入乡村治理全过程，能促进社会治理现代化和精细化，推动乡村党建、乡村政务的发展，推进乡村治理主体多元化，有助于在乡村建立起现代社会治理制度。王亚华、李星光（2022）通过构建乡村治理的制度分析框架，系统全面分析使用数字技术能有效降低乡村管理过程成本、改善管理机制效率以及维护管理平台等显著性优势，借助数字技术重塑乡村治理结构从而推进乡村治理迈向现代化。其次，基层政务服务数字化。推动数字技术运用于乡村政务服务，其快速处理的特点能大幅度提高乡村行政效率，为村民提供便捷化服务。同时，政府可以借助数字技术对舆情作出精准判断，有效提高治理供给与需求之间的匹配度（沈费伟，2020）。再次，数字技术打破了信息壁垒，有效降解基层政府和群众之间信息不对称，拓宽了村民参与治理的渠道，进而提升乡村治理绩效。互联网带来的新时代思想理念能够激发村民的主体意识，提升基层自治能力。通过多渠道的信息共享与学习，建立健全法治和德治相结合的乡村治理体系，实现政府治理与农民自治的协同治理（张蕴萍等，2022）。

5. 数字化通过服务数字化，赋能乡村生活富裕

首先，促进就业创业，增加农民收入。数字化促使农业生产更加现代化，提高了农产品的产量，还将农民从农活中解放出来，有更多的时间从事其他工作，增加收入来源。农村电商的发展拓宽农特产品、手工艺品的销售渠道，提升流通效率，提高各类乡村产品的交易率，同时降低了交易成本。在销路打开的同时，组织农民根据地区资源禀赋，加快培育特色农产品，注重打造品牌，线上线下宣传推广，提高农产品附加值，实现农民收入的增长。同时，数字经济的发展推动农业产业链的延伸、产业结构的优化和新兴行业的衍生，为农村居民提供了更多就业岗位和创业机会，更好满足就业创新需求。其次，促进农村消费扩容升级。钟钰（2023）指出数字基础设施下沉至乡村，特别是各种快递营业点深入乡村，改变了以往农民的消费观念与习惯。一方面表现为消费数量的大幅度增长。过去村民仅能线下购买物品，往往由于信息不足、交通不便、时间不充裕等多种因素影响而减少购买行为。现在村民足不出户就可在淘宝、拼多多、抖音等平台上品类繁多的商品中挑选自己所需的商品，再由快递物流公司运输至村。同时，农村居民进入直播间听主播讲解，增加动态画面感，还可提高消费获得感。另一方面表现为消费品质的提升。数字化时代，随着农村居民消费观念的更新和消费便利化程度的提升，其消费不再停留在衣食住行方面，休闲娱乐、医疗教育、观光旅游成为常态，如线上教学课堂、线上问诊、线上观看展览等进入农村生活，增添了其选择性，提升了农村生活的满足感。

通过上述梳理和分析，本研究提出数字化与乡村振兴之间关系的研究假设 H1。

H1：数字化对乡村振兴具有显著的正向推动作用。

（二）数字化对乡村振兴的间接影响机制

1. 科技创新水平

习近平总书记 2021 年在广西考察时强调："要注重学习科学技术，用知

识托起乡村振兴。"①科技赋能可承担起扶智与扶志的作用，使得科技创新成果更广泛地惠及农村居民，从而营造良好的乡村创新发展氛围。同时，数字化本身就能显著提升区域创新绩效（徐向龙等，2022）。因此，本研究选取科技创新水平反映数字化影响乡村振兴的间接效应。

（1）数字化对科技创新的影响机制

数字化能够从以下方面对科技创新产生影响：首先，数字化有助于提升科技创新效率。通过构建技术创新支撑体系赋能创新平台建设，进而提高科技创新供给质量、提升科技创新生产率。夏杰长等（2021）认为，数字经济具有"边际成本接近于零"的天然属性，企业获取信息和创新沟通的成本降低，从而促使企业开发新技术、提高生产效率。其次，数字化有助于优化科技资源配置效率。通过破除信息不对称壁垒，为要素交换提供条件，促进公平竞争和生产函数优化，实现科技资源最优配置。数字化也带来融资渠道拓展，使得科技创新活动获得更多资金投入。张文魁（2022）认为，数字技术不但能促进各产业与科技的融合创新，而且可以赋予传统行业巨大的创新空间，通过改变企业的组织模式，打破时空限制。数字化具有"蒲公英效应"，能够发挥互联互通、溢出扩散等驱动作用，进一步推进科技创新资源的合理配置，提升区域协同创新水平和创新效率。再次，数字化有助于推广科技创新成果。数字技术应用有助于提高科技成果社会接受度以及转化率，营造良好的科技创新氛围，促进科技创新成果应用与推广。任保平和何厚聪（2022）认为，生产者能够满足大量尾部的、边缘化的消费需求，因而能够促进产品和服务的个性化创新，有利于提高产业链创新水平。

（2）科技创新对乡村振兴的影响机制

首先，技术创新带动乡村产业产生规模效应。由于各个产业具备不同的技术基础与机会，由此技术创新成果及其产生的渗透力也会不同，具体表现为劳动生产率的高低差异，这就导致生产要素会从低效率产业部门流向高效率产业部门，形成规模经济效应，可以降低不同部门间的沟通成本，提高使

---

① 《习近平在广西考察时强调 解放思想深化改革 凝心聚力担当实干建设新时代中国特色社会主义壮美广西》，《人民日报》，2021年4月28日第1版。

用资源的边际效用。同时，技术创新带动乡村产业产生升级效应。宋保胜（2020）认为技术创新带动乡村产业产生全链条效应。技术创新可以通过重组要素，拉动上下游的产业联结，从而达到完善产业链的目的。具体为技术创新能够通过提升劳动从业者的基本素质、加强基础设施的建设水平、扩大劳动者作业的范围、提升综合管理能力等，促使产业进入边际报酬递增的阶段。产业规模的扩大，从纵向维度拉动上游产业增加供应量，带动农机、农产品种植等产业的发展，推动下游产业加速转移、消化存量产品，带动一二三产业融合发展；同时，技术创新整合集聚各类要素，从横向维底上带动新兴产业群的发展，如农村电商直播、全域线上旅游、"互联网+教育""互联网+医疗"等新业态渗透进人们的日常生活。同时，技术创新带动农民增收致富。技术的创新发展加速农机等智能化工具在农业领域的应用，推动农业生产科学化、智能化、高效化转型，促进农产品的产量与质量的提升，增加销售收入。农村电商的发展，拓宽农产品销售渠道，农民可以快速准确掌握农产品的价格，不仅解决农产品产销对接困难的问题，还通过直接与买家对接，减少中间成本。而且技术创新还带动产业融合发展和新兴产业的兴起，提供了更多的工作岗位，满足农村居民就业需求，增加收入渠道。其次，技术创新能推动乡村的生态宜居。一方面，技术创新可以提高原材料的利用程度，减少农药、化肥的投入和水等资源的浪费，也可将粪便、秸秆等转化成可利用的资源，形成生态可循环系统。另一方面，技术创新有助于控制环境污染。利用技术手段对农村生产生活中产生的污染进行监测，超过既定标准系统便会发出警告，推动生产主体自觉减污达到国家标准，并提示有关部门有针对性地进行治理，有效地降低对环境的破坏。再次，技术创新能提升乡村治理效能。技术的创新驱动政府服务便捷化、线上与线下相结合、一站式办理成为现实，提升农民办理业务快捷性。大数据的获取可以快速了解农民所思所盼，精准提供服务，更好满足需求。区域创新能力通过催生乡村文教娱乐事业的发展来推动乡村治理现代化（王子湛等，2021）。先进技术在教育领域的应用，能有效提升教学质量，可满足农村地区的学生普遍对外面世界的好奇、丰富知识的渴求，降低他们与城市学生的差距，"小镇做题家"不再是他们需要挣脱的标签。医疗技术的创新发展让有需要的居民得到更好的救治，乡镇医院、村卫生室也可通过互联网与三甲医院对接，提高本地医疗服务水平，满足村民看病就医的需求。此外，技术创新还可促进多元主体共治局面的达成，鼓励有才能的乡贤加入，微信群、意见反馈平台等都为广大村民参与共治提供便利。

基于上述分析，本研究提出研究假设 H2。

H2：数字化可以通过促进科技创新间接驱动乡村振兴。

2. 环境规制

（1）数字化对环境规制的影响机制

数字化有利于创新乡村生态环境监管及执法模式，引导企业防污治污技术的创新和应用，缓解企业融资约束，降低环境规制过程中的企业遵循成本，强化正式规制工具的绿色行为激励作用。另外，数字化也能够通过环保宣传、公众环境监督渠道和企业宣传的数字化平台打造影响公众参与型规制的绿色行为激励，拓宽社会各主体参与乡村环境治理的渠道，有效提升乡村环境治理能力和环境规制效果，促进生态宜居，助力乡村振兴。

（2）环境规制对乡村振兴的影响机制

政府在农村环境治理中承担着多元治理体系的构建者角色，政府环境规制能够有效提升农户环境治理的积极性，增强农户环境治理的意愿（翁艺青等，2021），改变过去农户在环境治理中被动参与、低参与的情况。王力等（2022）通过实证分析，得出多维环境规制对乡村振兴具有正向反馈机制，通过"环境规制→生态环境改善→生态宜居→乡村振兴"的路径产生作用，且多维环境规制对乡村振兴的激励效应随分位点提高而增强。

基于上述分析，本研究提出研究假设 H3。

H3：数字化能够通过环境规制间接促进乡村振兴。

综上，数字化水平对乡村振兴的影响机制如图 3-8 所示。

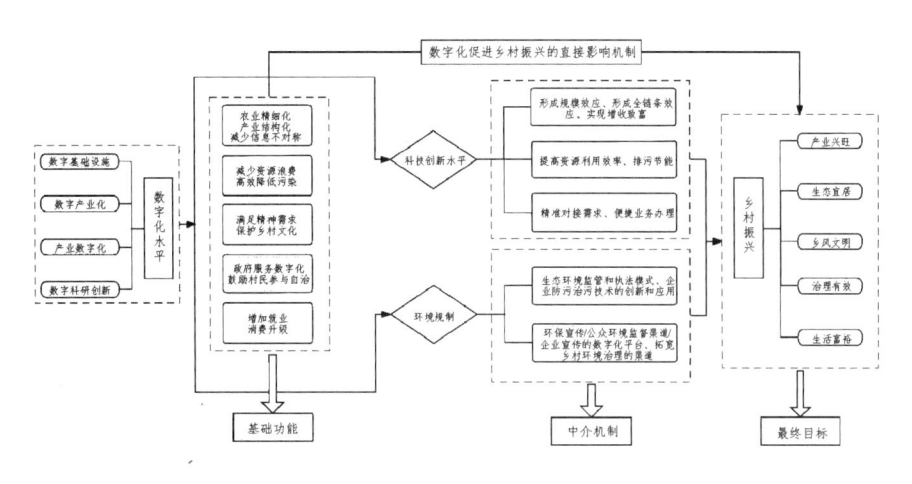

图 3-8 数字化对乡村振兴的影响机制

二、模型设定与变量说明

（一）模型设定

1. 基准回归模型

为检验数字化对乡村振兴的影响，本研究通过模型检验，并选择构建双向固定效应模型，如下：

$$R_{it} = \alpha_0 + \alpha_1 D_{it} + \alpha_2 X_{it} + \mu_i + \delta_t + \varepsilon_{it} \qquad 式（3.9）$$

其中，R_{it} 表示地区 i 在 t 时期乡村振兴发展水平指数；α_0 表示截距项；α_1、α_2 表示各变量系数；D_{it} 表示地区 i 在 t 时期数字化水平指数；X_{it} 为一组控制变量；μ_i 表示个体固定效应，控制了地区层面不随时间变化的因素对乡村发展的影响；δ_t 表示时间固定效应，控制了同一地区由于时期不同所导致的乡村发展的差异。

2. 机制分析模型

对数字化能否通过中介变量推动乡村振兴分别进行检验。具体模型设定如下：

$$Z_{it} = \varphi_0 + \varphi_1 D_{it} + \varphi_2 X_{it} + \mu_i + \delta_t + \varepsilon_{it} \qquad 式（3.10）$$

$$R_{it} = \rho_0 + \rho_1 D_{it} + \rho_2 Z_{it} + \rho_3 X_{it} + \mu_i + \delta_t + \varepsilon_{it} \quad \text{式 (3.11)}$$

其中，Z_{it} 表示中介变量，根据前文的理论分析，主要包括两个中介变量；式（3.10）代表数字化（D_{it}）对中介变量（Z_{it}）的检验，式（3.11）代表数字化（D_{it}）和中介变量（Z_{it}）对乡村振兴发展水平（R_{it}）的检验；具体判别方法采用因果逐步回归分析法。

（二）变量说明

1. 被解释变量

通过前文梳理，在参考相关文献（张挺等，2018）的基础上，使用本章第一部分所构建的指标体系（见表3-2）及乡村振兴发展水平测算结果，乡村振兴水平指标用 Rural（R）来表示，其分项指标产业兴旺、生态宜居、乡风文明、治理有效、生活富裕分别用 agri、ecol、civi、gove、rich 表示。

2. 核心解释变量

数字化水平，用 Digital（D）表示，使用本章第一部分所构建的指标体系（见表 3-1）及数字化水平测算结果，该指数越大说明该地数字化水平越高。

3. 控制变量

由于潜在因素会干扰结果，因此本研究将经济发展水平、政府干预程度、城镇化、产业结构、人口结构、交通基建、教育支出 7 个变量作为控制变量。

经济发展水平（pgdp）：用地区人均 GDP 来衡量各地区经济发展水平。经济发展情况对乡村振兴的影响十分明显，各地区经济发达程度直接关系着乡村发展进度。

政府干预程度（gov）：用地方财政一般公共服务支出占 GDP 比重来衡量。财政支出是国家用来宏观调控的重要工具，合理运用财政支出可以提高资源配置效率，弥补市场不足，促进经济活动正外部性。因此，政府的财政支出是影响乡村振兴不可忽视的因素。

城镇化（urban）：用城镇化率，即地区常住人口中城镇人口占总人口的比重来衡量。城镇化建设促进城乡要素的流动，推动农村地区生产资料的共享与生产方式的优化，并提供更多的非农就业机会和非农就业岗位，从而促进乡村发展。

产业结构（str）：用第二三产业增加值之和所占 GDP 比重去衡量产业结构。产业结构优化能够创造更多就业岗位，带动农民增收就业，进而影响乡村振兴。

人口结构（pep）：本研究根据廖柳文与高晓路（2018）的研究，采用老年抚养比衡量人口结构。农村人口老龄化主要表现在农村生产、生活、治理的老年化，造成乡村发展的动力不足。

交通基建（lnroad）：巢红欣（2022）指出交通基础设施可以促进人才、物资等要素在区域间的快速流动，拉动地方经济发展，促进乡村振兴。本研究采用公路密度取对数来衡量交通基础设施情况。

教育支出（edu）：用地方教育支出与财政预算支出之比来衡量。教育促进人力资本的形成，而人力资本通过推动技术的进步使资本的收益率提高，使得区域经济持续增长。

4. 中介变量

科技创新水平（lntec）：本研究参考李平瑞（2022），用国内专利申请受理数的自然对数表示。

环境规制（lner）：用废水治理投资额和废气治理投资额的加权平均值取对数来衡量。

（三）描述性统计

本研究对所有变量的原始数据进行描述性分析，结果见表 3-3。从中可以看出，被解释变量乡村振兴的均值为 0.433，最大值为 0.656，最小值为 0.270，标准差为 0.074，表明不同地区乡村振兴发展水平相差较大。核心解释变量数字化均值为 0.290，最大值为 0.729，最小值为 0.151，标准差为 0.094，意味着各省市数字化发展同样存在较大差距。从中介变量看，科技创新水平和环境规制均存在显著差异。从控制变量来看，政府干预程度受各地财力差异的影响，因此各省市公共服务支出占 GDP 的比重存在差异。2010—2022 年我国城镇化迅速发展，在 2022 年全国城镇化率均值已经达到 65.22%，而城镇化率标准差为 12.407，即各地区的城镇化水平仍然存在较大差距，这表明虽然我国的城镇化的步伐不断加速，但也要注意到地区之间发展的不平衡。我国各省市大力发展二三产业，优化产业结构，从描述性统计结果看，产业结构均值为 0.901，最大值和最小值之间相差不大，且标准差较小，数据较为平稳。人口结构老年抚养比平均值为 19.18%，加剧了乡村发展中的人口结构失衡、劳动力缺失等问题。此外，在不同的地区，经济发展水平、交通基建和教育支出也存在显著差异。

表 3-3　变量的描述性统计结果

变量类别	变量名称	解释	N	均值	标准差	最小值	最大值
被解释变量	y	乡村振兴	390	0.433	0.074	0.270	0.656
解释变量	dig	数字化水平	390	0.290	0.094	0.151	0.729
中介变量	lntec	科技创新水平	390	0.021	0.015	0.004	0.067
	lner	环境规制对数	390	10.775	1.159	5.030	13.400
控制变量	pgdp	经济发展水平	390	5.660	3.063	1.290	19
	gov	政府干预程度	390	0.023	0.010	0.009	0.063
	urban	城镇化	390	59.311	12.407	33.800	89.600
	Str	产业结构	390	0.901	0.053	0.742	0.998
	pep	人口结构	390	19.181	7.609	7.050	46.900
	lnroad	交通基建	390	3.249	1.061	0.293	4.860
	edu	教育支出	390	0.163	0.026	0.0989	0.222

（四）结果分析

1. 基准回归

在面板数据分析之前，需要对模型进行选择，本研究根据 F 检验和豪斯曼检验（Hausman）的结果，选择双向固定效应模型，采用异方差-序列相关一致标准误差，对数字化影响乡村振兴的直接效应进行了检验。表 3-4 是利用 Stata16 对模型进行的双向固定效应回归结果。

本研究采用逐步加控制变量的方法进行回归，模型（1）为数字化对乡村振兴的回归结果，模型（2）到模型（8）验证了逐渐加控制变量后数字化和各控制变量对乡村振兴的影响。需要说明的是，在实证回归之前，通过对解释变量和控制变量进行多重共线性检验，结果显示解释变量和控制变量的方差膨胀因子（VIF）数值最大为 3.41，模型整体的 VIF 数值为 1.98，均明显小于 10，表明选取的解释变量和控制变量之间不存在多重共线性问题。

表 3-4 基准回归结果

变量	模型（1）	模型（2）	模型（3）	模型（4）	模型（5）	模型（6）	模型（7）	模型（8）
D	0.087*** (0.032)	0.240*** (0.029)	0.273*** (0.030)	0.252*** (0.023)	0.256*** (0.023)	0.269*** (0.025)	0.271*** (0.025)	0.263*** (0.027)
pgdp	—	-0.012*** (0.001)	-0.012*** (0.001)	-0.006*** (0.001)	-0.006*** (0.001)	-0.007*** (0.001)	-0.007*** (0.001)	-0.007*** (0.001)
gov	—	—	-1.472* (0.205)	-0.817* (0.199)	-0.934* (0.210)	-0.795* (0.208)	-0.785* (0.209)	-0.725* (0.209)
urban	—	—	—	0.004*** (0.001)	0.004*** (0.001)	0.004*** (0.001)	0.004*** (0.001)	0.004*** (0.001)
str	—	—	—	—	0.176*** (0.058)	0.171*** (0.057)	0.165*** (0.058)	0.164*** (0.058)
pep	—	—	—	—	—	-0.001*** (0.000)	-0.001*** (0.000)	-0.001*** (0.000)
lnroad	—	—	—	—	—	—	0.002 (0.004)	0.002 (0.004)

续表

变量	模型（1）	模型（2）	模型（3）	模型（4）	模型（5）	模型（6）	模型（7）	模型（8）
edu	—	—	—	—	—	—	—	0.09 (0.074)
常数项	0.408*** (0.009)	0.431*** (0.007)	0.453*** (0.008)	0.176*** (0.042)	0.042 (0.055)	0.051 (0.055)	0.046 (0.056)	0.047 (0.056)
省份固定	YES	YES	YES	YES	YES	YES	YES	YES
时间固定	YES	YES	YES	YES	YES	YES	YES	YES
N	390	390	390	390	390	390	390	390
R^2	0.960	0.970	0.973	0.978	0.978	0.979	0.979	0.979

注：***、**、*分别表示1%、5%、10%显著性水平。（ ）中为异方差稳健标准误，下表同。

根据表3-4显示的回归结果，在未加入控制变量的模型（1）中，数字化（D）的估计系数为0.087，且在1%的置信水平上显著，说明数字化发展对乡村振兴有促进作用。对于农村居民来讲，数字化的发展可以让他们享受到更多的服务，数字化、网络化的服务不仅节约时间和物质成本，使生活便捷，还具有强大的传播力，丰富其精神世界、提升自身素质。对于农业来讲，数字化的发展更新升级了农具，培育了更多特色农产品，畅通了销售渠道，延伸了产业链条，助力农业产业的发展。对于农村来讲，数字化治理助推绿色乡村、文明乡村的建设。模型（2）至模型（8）将控制变量逐一纳入回归，以考察数字化对乡村振兴的净影响。在各模型中数字化的回归系数均显著为正，从而验证了理论预期H1。具体而言，包含全部控制变量的模型（8）中数字化的回归系数为0.263，表明数字化水平每提高1个单位，乡村振兴发展水平提高0.263个单位，其数值大于模型（1）中的回归系数，说明在不考虑控制变量的前提下单独分析数字化对乡村振兴的影响，会减小数字化水平的驱动效应，因此模型中有必要引入其他控制变量。

从控制变量方面来看，经济发展水平（pgdp）的回归系数均在 1% 的水平上显著为负，但系数值均较小，原因可能在于在追求经济发展的同时不断消耗农村生态环境，导致乡村振兴的二级指标生态宜居得分低，从而影响乡村振兴综合指数。政府干预程度（gov）的回归系数同样均在 10% 的水平上显著为负，表明政府的参与需要更多关注与市场的良性互动、与乡土社会的融合等。城镇化率（urban）的回归系数均在 1% 的水平上显著为正，其原因是城镇化率不断提升，推动城乡要素流动，农村经济发展，就业机会不断增加，农村居民生活水平得到显著提高。产业结构（str）的回归系数均在 1% 的水平上显著为正，产业结构的优化提升，即第二三产业的占比增加，会提供更多的就业岗位，带动更多农村居民能就业、就好业，进而促进乡村振兴。老年抚养比表征的人口结构（pep）的回归系数均在 1% 的水平上显著为负，老年抚养比程度增加，农村青壮年劳动力流出，削弱乡村人才队伍。交通基建（lnroad）和教育支出（edu）的回归系数为正但并不显著。以公路密度为代表的交通基建指标不显著，可能是因为农村公路中还存在比重较大的等外公路，尤其是大量的山区农村，村落偏远分散，等外公路的修建更多是为村民出行提供便利，难以对农村经济的发展产生十分显著的促进作用。教育支出指标不显著，可能是由于随着城镇化进程的加快，农村大量人口流出，举家迁移模式带来农村空心化，教育资源配置以需求为导向更多流向城镇，教育对乡村振兴的促进效用难以充分发挥。

2. 内生性检验

数字化发展不仅仅会影响当期乡村振兴的发展，还可能存在反向因果关系，对解释变量分别使用一阶、二阶和三阶滞后项，在一定程度上可以减弱反向因果问题。本研究借鉴范合君、吴婷（2022）的做法，采用数字化的滞后项进一步回归，判断数字化发展在滞后的时间内是否会对乡村振兴产生影响。表 3-5 为数字化影响乡村振兴的内生性检验结果，滞后 1 期、2 期和 3 期的数字化水平指标的估计系数分别为 0.265、0.247、0.243，均在 1% 的水平下显著为正，说明滞后一期、二期和三期的数字化均能促进乡村振兴，与前面的基准模型估计结果基本一致，且其积极作用在逐渐减弱，这一结果进一步验证研究假设 H1。

表 3-5 内生性回归结果

变量	（1）	（2）	（3）
L.D	0.265***（0.030）		
L2.D		0.247***（0.035）	
L3.D			0.243***（0.041）
pgdp	-0.007***（0.002）	-0.006***（0.002）	-0.006***（0.002）
gov	-0.691***（0.227）	-0.643**（0.268）	-0.33（0.328）
urban	0.004***（0.001）	0.004***（0.001）	0.005***（0.001）
str	0.128*（0.066）	0.155*（0.082）	0.139（0.096）
pep	-0.001***（0.000）	-0.001**（0.000）	-0.001***（0.000）
lnroad	0.000（0.004）	-0.001（0.004）	-0.004（0.005）
edu	0.075（0.080）	0.044（0.086）	0.097（0.088）
常数项	0.088（0.065）	0.064（0.081）	0.047（0.086）
省份固定	YES	YES	YES
时间固定	YES	YES	YES
N	360	330	300
R^2	0.979	0.978	0.978

3. 稳健性检验

上述回归结果为数字化促进乡村振兴的直接影响机制提供初步证据，但仍然不能排除其他潜在因素影响，因此为了确保研究结果的可靠性，本研究通过一系列稳健分析对影响机制加以验证。主要采用交互固定效应和聚类省份控制宏观因素、剔除直辖市、缩尾处理、替换变量估计方法等方法进行稳健性检验，以验证数字化是否会对乡村振兴产生不同的影响，具体检验结果如表 3-6 所示。

表 3-6　稳健性检验结果

变量	（1）	（2）	（3）	（4）	（5）
D	0.306*** （0.026）	0.263*** （0.054）	0.295*** （0.027）	0.268*** （0.027）	0.193*** （0.028）
pgdp	0.000 （0.001）	-0.007** （0.003）	-0.010*** （0.001）	-0.007*** （0.001）	-0.004*** （0.001）
gov	-0.837*** （0.220）	-0.725* （0.406）	-0.586*** （0.210）	-0.897*** （0.243）	-0.425* （0.232）
urban	0.007*** （0.000）	0.004** （0.001）	0.005*** （0.001）	0.003*** （0.001）	0.004*** （0.001）
str	0.157** （0.077）	0.164 （0.116）	0.198*** （0.056）	0.178*** （0.059）	0.078 （0.059）
pep	-0.001*** （0.000）	-0.001 （-0.001）	-0.001*** （0.000）	-0.001*** （0.000）	0.000 （0.000）
inroad	0.007 （0.004）	0.002 （0.007）	0.003 （0.004）	0.002 （0.004）	0.005 （0.003）
edu	-0.215*** （0.056）	0.090 （0.122）	0.123 （0.083）	0.136* （0.074）	0.013 （0.053）
常数项		0.047 （0.110）	-0.050 （0.056）	0.053 （0.056）	-0.087 （0.07）
省份固定	YES	YES	YES	YES	YES
时间固定	YES	YES	YES	YES	YES
N	390	390	338	390	390
R^2	0.999	0.979	0.981	0.979	0.996

（1）控制宏观因素

由于回归结果可能受到一些不可观测的宏观因素影响，本研究通过交互固定效应和聚类省份的方法对原样本进行稳健性检验，结果如表3-6中第（1）列和第（2）列所示。根据检验结果可知，无论是交互固定效应还是聚类省份，数字化对乡村振兴的影响仍然在 1%的水平上显著为正，表明基准回归结果未受到宏观因素的影响，进而验证基准模型稳健。

（2）剔除直辖市

鉴于北京、天津、重庆、上海 4 个直辖市在中国式农业农村现代化发展上具有一定特殊性，其乡村发展特征明显有别于其他省份，并且我国直辖市的机构设置和政府政策均具有一定的特殊性,这可能会干扰实证结果的准确性,因此为避免明显的政策差异和其他不可观测因素的影响,进一步验证结论的稳健性和可靠性,本研究剔除直辖市后对剩余样本重新进行估计。所得回归结果如表 3-6 中列(3)所示,数字化在 1% 的水平以上为正显著,回归系数为 0.295,说明数字化对乡村振兴的促进作用显著,再次验证了前文研究结果具有稳健性。

(3)缩尾处理

为避免模型回归过程中极端值对回归结果造成的偏差,对数据采用 1% 的缩尾处理,结果见表 3-6 中列(4)。根据检验结果可知,对数据进行缩尾处理后,数字化对乡村振兴发展的影响仍然在 1% 的水平上显著为正,表明基准回归结果未受到极端值影响,进而验证基准模型稳健。

(4)替换变量估计方法

考虑到前文采用熵值法测算出的数字化水平指数可能会存在一定误差,故替换估计方法进行稳健性检验,使用主成分分析法对数字化发展水平进行再次测算。结果如表 3-6 中第(5)列所示,数字化对乡村振兴水平的影响系数为 0.193,且在 1% 水平下显著,这表明数字化发展有助于乡村振兴发展,进一步验证实证结果的稳健可靠性。

4. 分项检验

为了进一步探讨数字化对乡村振兴各个维度的具体影响,分别将乡村振兴的 5 个二级指标产业兴旺、生态宜居、乡风文明、治理有效、生活富裕指数提取出来作为被解释变量与数字化水平进行基准回归,结果见表 3-7。

表 3-7　分项检验结果

变量	产业兴旺	生态宜居	乡风文明	治理有效	生活富裕
D	0.056*** (0.010)	0.018 (0.013)	0.073*** (0.009)	0.050*** (0.007)	0.066*** (0.011)
pgdp	-0.002*** (0.001)	-0.001 (0.001)	-0.003*** (0.001)	0.000 (0.000)	-0.001** (0.000)

续表

变量	产业兴旺	生态宜居	乡风文明	治理有效	生活富裕
gov	-0.259*** (0.082)	0.094 (0.124)	-0.020 (0.082)	-0.214*** (0.072)	-0.326*** (0.092)
urban	0.001** (0.000)	0.001** (0.000)	0.001*** (0.000)	0.000*** (0.000)	0.001*** (0.000)
str	-0.047 (0.031)	-0.007 (0.031)	0.122*** (0.025)	0.072*** (0.014)	0.023 (0.030)
pep	0.000 (0.000)	0.000 (0.000)	-0.000*** (0.000)	-0.000** (0.000)	-0.000*** (0.000)
lnroad	0.000 (0.002)	0.004** (0.002)	-0.001 (0.002)	0.000 (0.001)	-0.002 (0.002)
edu	-0.039 (0.030)	0.052 (0.035)	0.048 (0.030)	-0.023 (0.020)	0.051 (0.031)
常数项	0.082*** (0.030)	0.01 (0.033)	-0.037 (0.022)	-0.023 (0.016)	0.015 (0.027)
省份固定	YES	YES	YES	YES	YES
时间固定	YES	YES	YES	YES	YES
N	390	390	390	390	390
R^2	0.984	0.868	0.884	0.948	0.966

回归结果显示，数字化对产业兴旺、乡风文明、治理有效、生活富裕都有促进作用，回归系数分别为0.056、0.073、0.050、0.066，并且在1%的水平上显著，而生态宜居的回归系数不显著，说明数字化建设不显著影响乡村振兴的生态宜居。具体而言：一是由于数字化建设依托数字信息技术改变传统的生产模式、管理办法、农产品加工销售模式，革新产业链，使得整个过程高速信息化，进而提升了工作的准确性和效率，实现了乡村资源要素在空间和时间上的合理配置（李本庆等，2022；杨江华等，2022）。二是数字化代表绿色生产方式，其能够节约能源、减少污染，是生态友好型经济模式（Ciocoiu，2011），数字化发展改变了过去粗放的发展方式，能够促进生态宜

居，但在本文的回归结果中，这些积极作用并不显著。三是数字化极大丰富了乡村居民的精神生活，促进优秀乡村文化的传承发展，同时由数字化催生的新兴业态如智慧民宿、智慧旅游等又倒逼数字化发展，因此数字化显著促进乡风文明。四是数字化赋能乡村智治，大力推动乡村治理数字化、信息化、网络化与智能化，形成全方位的乡村治理体系，进而有效提升乡村治理水平。五是数字化发展促进城乡融合，加快要素流动，降低行业准入门槛，让乡村居民能够参与高附加值产业分工。同时，富足的生活带来对数字技术的更高要求，数字化得到充分发展，进而显著促进生活富裕。此外，通过比较分析可以发现，数字化对乡风文明的影响最大，对生活富裕和产业兴旺的影响次之，对治理有效的影响最小，说明数字化发展进程中，在以信息传递及时性、传递方式多样性助力农村居民转变陈旧的思想认识、开阔眼界和树立乡风文明方面发挥着十分显著的作用。

5. 区域异质性分析

由于各省市的资源禀赋、开放程度、经济发展等存在差异，其数字化发展对乡村振兴的影响可能存在异质性。因此，本研究参考已有文献将研究的30个省、自治区、直辖市按照国家分类标准分为东部、中部和西部三个区域，在此基础上分别进行实证检验，从而比较数字化助推乡村振兴的区域差异化，回归结果见表3-8。

表3-8 区域异质性分析

变量	地区异质性			乡村振兴水平异质性	
	东部地区	中部地区	西部地区	高水平	低水平
	（1）	（2）	（3）	（4）	（5）
D	0.231***	0.757***	0.401***	0.286***	0.070
	（0.033）	（0.083）	（0.059）	（0.047）	（0.068）
常数项	-0.333	-0.564**	0.082	-0.238*	0.195
	（0.204）	（0.217）	（0.076）	（0.141）	（0.126）
省份固定	YES	YES	YES	YES	YES

续表

变量	地区异质性			乡村振兴水平异质性	
	东部地区	中部地区	西部地区	高水平	低水平
	（1）	（2）	（3）	（4）	（5）
时间固定	YES	YES	YES	YES	YES
N	130	78	182	195	195
R^2	0.991	0.993	0.974	0.974	0.951

根据表 3-8 中模型（1）至模型（3）的结果显示，数字化水平的估计系数分别为 0.231、0.757、0.401，均为正向促进作用且在 1% 水平上显著，说明东中西部地区的数字化建设对乡村振兴发展水平均具有显著提升作用，且影响效应大小呈现中西部大于东部的态势。即与东部地区相比，中西部地区数字化更能显著促进乡村振兴。东部明显低于中西部的原因在于东部地区经济实力强大，人力资本丰富，拥有完善的产业链和市场体系，在技术创新、要素市场化发展环境和数字化与传统产业融合等方面也具有明显优势，乡村的经济发展、生态建设等早已从中获益，因而数字化驱动乡村振兴的边际效用相对较小。而中西部地区虽然在市场环境、区位条件、数字化建设等方面较为落后，但后发优势明显、发展空间巨大。近几年中西部地区的地方政策导向十分明显，中央政府也相继推出了一系列扶持中西部地区数字化发展的政策，如建立大型、超大型数据处理中心、实施"东数西算"工程等，对乡村振兴的驱动作用大。由于中部地区靠近东部发达地区，资源要素的流动成本和匹配成本较低，并且中部是我国粮食生产的主要区域，数字化发展对乡村产业的促进作用更加明显。因此，相较西部地区而言，中部地区数字化对乡村振兴发展的作用效果更强。

此外，西部地区农村基础设施短板突出，网络信息、数字产业和关键技术发展缓慢，交通物流便利程度低，且数字技术普及不足导致整体数字素质不高，利用数字化增收意识不强，使得数字化起步晚、水平低，经济效益不佳，数字化与社会融合不足，数字化发展红利没有得到充分释放，故其数字化驱动作用相对较弱。需要注意的是，西部地区数字化对乡村振兴的影响高于东部地区，但尚未达到中部地区的边际收益递增程度，因此西部地区需要进一步加快推进数字技术普及和数字化基础设施建设。对于西部地区而言，尽管数字化发展起步相对较晚，但是西部多个省份都致力于加大布局新型基础设施建设，有望发挥后发优势。各地区应结合本地的特色和条件，制定适合的数字化发展政策，以减小区域间的数字化发展鸿沟，打破地区之间的发展壁垒，推动区域经济协调发展。

为进一步验证数字化发展对乡村振兴的区域差异性影响。将各地区按照乡村振兴发展水平划分为高和低两个地区，结果如表3-8第（4）列、第（5）列所示。乡村振兴发展水平高的地区，其系数显著为正，而乡村振兴发展水平低的地区其系数回归结果并不显著。这意味着数字化发展对乡村振兴的促进作用更多的是表现在乡村振兴整体推进较好的地区，而当乡村振兴发展水平相对滞后时，因缺乏数字化应用的基础性支撑，数字化应用场景不足，数字化的正向促进功能将无力展开。

6. 中介效应分析

前文理论机制分析表明，数字化可以通过促进科技创新水平和环境规制进而赋能乡村振兴，现基于式（3.10）、式（3.11）分别构建以科技创新水平、环境规制为中介变量的中介效应模型进行检验分析，验证理论分析中的传导机制，具体检验结果如下表3-9所示。

表3-9 中介效应检验结果

变量	科技创新水平			环境规制		
	（1）R	（2）intec	（3）R	（4）R	（5）lner	（6）R
D	0.263*** （0.027）	0.082*** （0.014）	0.225*** （0.029）	0.263*** （0.027）	3.084** （1.197）	0.254*** （0.027）
lntec			0.460*** （0.146）			

续表

变量	科技创新水平			环境规制		
	（1）R	（2）intec	（3）R	（4）R	（5）lner	（6）R
lner						0.003**（0.001）
常数项	0.047（0.056）	-0.158***（0.023）	0.120**（0.06）	0.047（0.056）	8.907***（2.951）	0.023（0.056）
省份固定	YES	YES	YES	YES	YES	YES
时间固定	YES	YES	YES	YES	YES	YES
N	390	390	390	390	390	390
R^2	0.979	0.926	0.980	0.979	0.774	0.979

根据表 3-9 显示，模型（1）、模型（2）和模型（3）是用来检验科技创新水平（Intec）这一传导机制是否存在。模型（1）结果显示，数字化对乡村振兴发展的回归系数为 0.263，系数为正，在 1% 的水平下显著，表明数字化发展对乡村振兴存在着显著的正向影响，该结果在直接影响部分已经证明；其次，在模型（2）中数字化的回归系数为 0.082，系数为正，且在 1% 的水平下显著，表明数字化发展对科技创新水平也存在着显著的正向影响，科技创新水平在数字经济对乡村振兴的影响中存在中介效应；最后，模型（3）中数字化水平的回归系数为 0.225，科技创新水平的回归系数为 0.460，两者都通过了 1% 水平的显著性检验，又因模型（1）中数字化的回归系数为 0.263，其绝对值大于 0.225，因此，数字化发展对乡村振兴的影响中存在部分中介效应，中介效应量为 0.038，占总效应量的 14.47%。该结果跟理论分析保持一致，假说 H2 得以验证，数字化发展基础好的地区，通过借助数字化的东风提升技术创新水平，再通过科技创新本身的渗透作用，辐射到偏远农村，由此振兴乡村。一方面，随着数字技术的创新发展，线上购买、直播电商等新兴购买形式的普及，既弥补了以往农民仅能线下购买、商品样式单一的短板，满足其追求高质量、丰富生活的愿景，又可通过电商平台宣传推广特色农产

品，帮助农民销售增收。另一方面，数字化发展借助于技术创新，促使农业用具更新升级、农业生产科学合理、生产要素在一二三产业间有序流动、优化产业结构、延伸产业链条、催生新兴产业，带动乡村产业兴旺和生活富裕。

表中模型（4）、模型（5）和模型（6）是用来检验环境规制（lner）这一传导机制的存在性。可以看出数字化发展水平均在 1% 或 5% 的水平上显著正向影响乡村振兴、环境规制、乡村振兴，回归系数依次为 0.263、3.084、0.254，环境规制在 5% 的水平上显著正向影响乡村振兴，回归系数为 0.003。同时结合上文的分析方法可知，环境规制作为中介变量的传导路径存在，并在数字化发展推动乡村振兴的过程中产生了部分中介效应，计算可知环境规制的中介效应分别为 0.009，说明环境规制作为中介变量时，其中介效应占数字化发展水平对乡村振兴总效应的 3.42%，假设 H3 得到验证。

第三节　数字化对乡村振兴影响的进一步分析：空间溢出效应和门槛效应

一、空间溢出效应

经济地理学指出，距离相近的两地区之间的要素会产生很强的相关关系，地理距离越近的地区间要素流动的效率也就越高。关联性存在于所有的事物之间，相近的事物之间的关联性比较远事物关联性更强。我国作为一个基础道路和信息设施建设完备、经济快速发展的整体，交流互动范围广泛，可以实现劳动力、产品和数字信息跨省份跨产业交流。其中，相邻省份之间交流互动作用更强。因此，数字化对乡村振兴的影响可能不仅局限于本地区，数字化水平还可能起到示范效应吸引周围省份学习乡村振兴方式，分享经验助力邻省乡村振兴。数字化发展自身具有强空间溢出性和普适性，在基础设施条件充足的情况下，能够缩短时空距离，强化地区之间的交流，所以数字化发展总是能起到带动作用，对周边地区发展产生影响。数字化不仅能促进本地乡村振兴水平的提升，还能够通过示范分享等作用，将先进经验和数据资料传播辐射至周围地区,提升了数据使用率,快速借鉴乡村振兴发展的先进成果,即数字化发展对乡村振兴的影响具有空间溢出效应。

基于此,本研究提出以下研究假设 H4:

H4:数字化发展可通过空间溢出效应对邻近地区乡村振兴起到正向促进作用。

(一)模型构建

1. 空间相关性检验

空间自相关(spatial autocorrelation)是指一些变量在同一个分布区内的观测数据之间的相互依赖性,其分为全局空间自相关和局部空间自相关,前者描述整个空间序列的空间集聚情况,后者描述某区域附近的空间集聚情况。空间自相关度量指标最常用的为"莫兰指数 I"(Moran's I),其中全局空间自相关度量指标为"全局莫兰指数 I"(global Moran's I),局部空间自相关度量指标为"局部莫兰指数 I"(local Moran's I)。

莫兰指数 I 表示为:

$$I = \frac{\sum_{i=1}^{n}\sum_{j=1}^{n} w_{ij}(x_i - \overline{x})(x_j - \overline{x})}{S^2 \sum_{i=1}^{n}\sum_{j=1}^{n} w_{ij}} \qquad 式(3.12)$$

其中,$S^2 = \dfrac{\sum_{i=1}^{n}(x_i - \overline{x})^2}{n}$ 为样本方差,w_{ij} 为空间权重矩阵的 (i, j) 元素,而 $\sum_{i=1}^{n}\sum_{j=1}^{n} w_{ij}$ 为所有空间权重之和。

如果空间权重矩阵为行标准化,则 $\sum_{i=1}^{n}\sum_{j=1}^{n} w_{ij} = n$,莫兰指数 I 为:

$$I = \frac{\sum_{i=1}^{n}\sum_{j=1}^{n} w_{ij}(x_i - \overline{x})(x_j - \overline{x})}{\sum_{i=1}^{n}(x_i - \overline{x})^2} \qquad 式(3.13)$$

莫兰指数 I 的取值一般介于-1到1之间，大于0表示正自相关，即高值与高值相邻、低值与低值相邻；小于0表示负自相关，即高值与低值相邻。如果莫兰指数 I 接近于0，则表明空间分布是随机的，不存在空间自相关。

莫兰指数 I 可视为观测值与其空间滞后的相关系数，如果将观测值与其空间滞后画成散点图，则称为莫兰散点图。

在不存在空间自相关的原假设下，莫兰指数 I 的期望值为：

$$E(I) = \frac{-1}{n-1} \qquad \text{式（3.14）}$$

标准化的莫兰指数 I 服从渐近标准正态分布：

$$I^* \equiv \frac{I - E(I)}{\sqrt{\text{Var}(I)}} \xrightarrow{d} N(0,1) \qquad \text{式（3.15）}$$

其中，$\text{Var}(I)$ 为莫兰指数 I 的方差。

以上的莫兰指数 I 也被称为"全局莫兰指数 I"（global Moran's I），考察整个空间序列 $\{x_i\}_{i=1}^n$ 的空间集聚情况。

如果想知道某区域 i 附近的空间集聚情况，可使用"局部莫兰指数 I"（local Moran's I）：

$$I_i = \frac{(x_i - \bar{x})}{S^2} \sum_{j=1}^n w_{ij}(x_j - \bar{x}) \qquad \text{式（3.16）}$$

局部莫兰指数 I 的含义与全局莫兰指数 I 相似。正的 I_i 表示区域 i 的高（低）值被周围的高（低）值所包围；负的 I_i 则表示区域 i 的高（低）值被周围的低（高）值所包围。

2. 空间面板模型设定

面板回归模型被用于进一步探究乡村振兴的影响机制，由于乡村振兴发展水平具有空间自相关性，因此在影响因素的分析中需引入空间计量方法。本研究通过 Hausman、拉格朗日乘子检验（La-grange Multiplier，LM）以及 LR 等一系列统计量检验，结果显示采用双向固定效应的空间杜宾模型（SDM）最为合适，该模型为：

$$R_{i,t} = \alpha + \rho w_{ij}R_{i,t} + \beta D_{i,t} + \delta w_{ij}D_{i,t} + \eta X_{it} + \tau w_{ij}X_{it} + u_i + v_t + \varepsilon_{it} \quad 式（3.17）$$

其中，$R_{i,t}$ 为乡村振兴指数，$D_{i,t}$ 为解释变量数字化水平指数；α 为常数项；ρ 为被解释变量的空间自回归系数，β、η 为回归系数，X_{it} 为控制变量，δ、τ 为解释变量、控制变量的空间交互项系数；w_{ij} 为空间权重矩阵；u_i 和 v_t 分别为个体固定效应和时间固定效应；ε_{it} 为随机干扰项，服从独立同分布。

（二）空间溢出效应分析

1. 空间相关性分析

空间效应分析之前需要对数字化水平与乡村振兴进行空间自相关检验，本研究首先基于 2010-2022 年我国 30 个省、自治区、直辖市的数据，采用全局莫兰指数 I 对经济距离权重矩阵下的空间分布是否具有空间相关性进行检验，数字化和乡村振兴指数的空间自相关性检验结果如表 3-10 所示。

表 3-10 全局莫兰指数 I

年份	数字化 莫兰指数	Z 值	乡村振兴 莫兰指数	Z 值
2010	0.443***	5.833	0.342***	4.594
2011	0.432***	5.707	0.345***	4.647
2012	0.409***	5.473	0.338***	4.569
2013	0.402***	5.422	0.354***	4.737
2014	0.394***	5.316	0.337***	4.571
2015	0.399***	5.368	0.332***	4.471
2016	0.381***	5.171	0.303***	4.117
2017	0.389***	5.271	0.301***	4.058
2018	0.371***	5.124	0.274***	3.742
2019	0.362***	5.044	0.287***	3.889
2020	0.355***	4.945	0.247***	3.411
2021	0.354***	4.877	0.264***	3.619
2022	0.357***	4.911	0.272***	3.717

由上表可知，我国 2010-2022 年乡村振兴指数和数字化指数的全局莫兰指数 I 均大于 0 且有整体减小的趋势，且均通过 1%水平上的显著性检验，说明选取的 30 个省、自治区、直辖市的数字化发展水平和乡村振兴发展水平均在空间上显著存在较强的正相关性，即在空间上存在显著聚集现象。但空间自相关性有所减弱，即各省市关联程度越来越弱，说明数字化发展水平和乡村振兴在逐渐打破空间聚集，依靠数据的快速流通扩散力量实现各省份全面发展。由于全局莫兰指数主要反映变量整体空间特征，为进一步探索数字化和乡村振兴水平的空间相关性的长期稳定性，体现地区局部关联程度，本研究选取 2010 年和 2022 年数字化和乡村振兴指标进行局部空间分析，使用 xtmoran 命令绘制局部莫兰指数 I 散点图，结果如图 3-9 和图 3-10 所示。

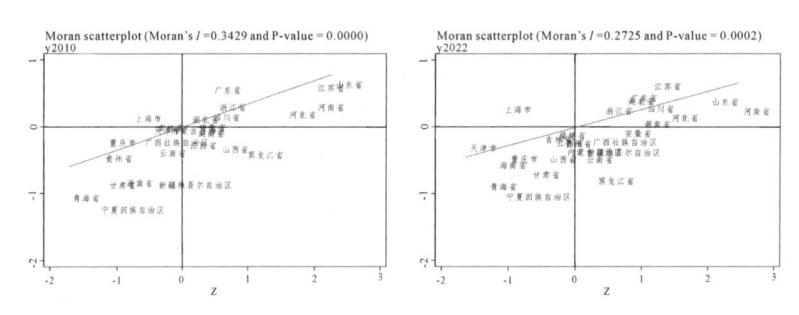

图 3-9　2010 年、2022 年乡村振兴水平局部莫兰散点图

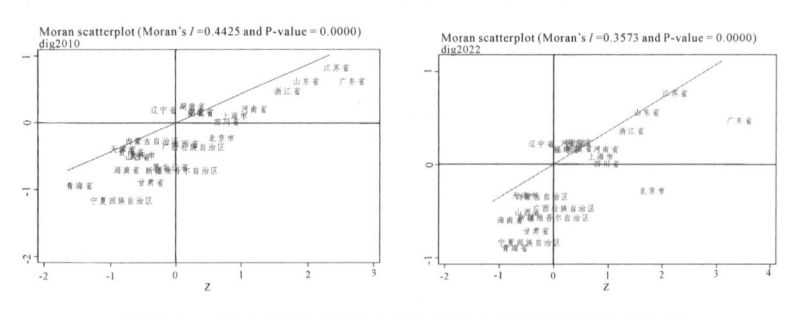

图 3-10　2010 年和 2022 年数字化水平局部莫兰散点图

从 2010 年和 2022 年的局部莫兰散点图可以看出，2010 年乡村振兴指数局部散点图中大部分地区位于一、三象限，说明其具有显著的空间自相关性，大多数省份的乡村振兴评价值在空间上存在"高-高"与"低-低"的集聚关

系。到2022年，第四象限的省份有少量增加，而原本积聚特征不明显的其他省份都逐步扩散到一、三象限，表明乡村振兴指数的"高-高"和"低-低"集聚区和集聚范围逐渐扩张。具体而言，东部地区的省市大多处于第一象限且具有较高的乡村振兴水平，而大部分西部地区的省市主要集聚在第三象限，呈现出"低-低聚集"的现象。

同样分析数字化水平，2010年和2022年的局部莫兰指数散点图显示，大多数样本点均位于第一象限（高-高聚集）和第三象限（低-低聚集），在第二、四象限（高-低聚集）的样本点较少，即高、低值相互聚集的样本较少，多数均为高-高、低-低聚集，表明数字化发展水平空间关联特征明显，相似性聚集程度高。

2. 空间计量模型回归结果与分析

在空间计量模型中，SAR模型、SEM模型和SDM模型有着广泛应用。具体模型的选取首先需要分析所研究的对象是否适用于空间计量模型，也就是对其空间上的自相关性进行检验。根据前文分析可知，我国30个省、自治区、直辖市的乡村振兴存在空间自相关，故可以建立空间计量模型进一步分析。为选择合适的空间计量模型，本研究基于空间经济距离权重矩阵对原始数据进行LM、Hausman和Wald检验等方法判断SDM模型是否会简化为SAR或SEM模型，具体检验结果如表3-10所示。

表3-10 空间计量模型检验结果

	统计值	P值
LM-spatial error	277.204	0.000
R-LM-spatial error	96.350	0.000
LM-spatial lag	188.880	0.000
R-LM-spatial lag	8.027	0.005
Wald检验	255.300	0.000
Hausman test-statistic	516.680	0.000

可以看出，LM-spatial lag 检验和 LM-spatial error 均通过 1%的显著性检验，说明可采用 SAR 和 SEM 模型均可，此时通常采用最优的 SDM 模型。其次，Wald 统计量也通过 1%水平的显著性检验，可知空间杜宾模型不能简化为 SAR 模型或 SEM 模型。最后，Hausman 检验结果显示在 1%的显著性水平下模型拒绝原假设，因此，本研究确定了数字化对乡村振兴的影响采用固定效应的 SDM 模型为最优选择，模型如式（3.17）。随后，采用空间经济距离矩阵作为权重矩阵，回归结果如表 3-11 所示。

表 3-11 空间杜宾模型回归结果

变量	直接效应	变量	空间溢出效应
ρ	0.236** （0.110）		
dig	0.073** （0.029）	W*dig	0.986*** （0.121）
pgdp	-0.012*** （0.001）	W*pgdp	-0.040*** （0.004）
gov	-1.808*** （0.266）	W*gov	1.028 （0.653）
urban	-0.001** （0.000）	W*urban	0.003** （0.001）
str	0.082* （0.042）	W*str	1.833*** （0.220）
pep	-0.001*** （0.000）	W*pep	0.003*** （0.001）
lnroad	0.003 （0.003）	W*lnroad	0.004 （0.009）
edu	0.242*** （0.072）	W*edu	0.855*** （0.213）
N	390	N	390
R^2	0.080	R^2	0.080

从表中可以看出，ρ 值为正，表明乡村振兴的发展存在空间溢出效应。

其次，核心解释变量数字化水平的系数为 0.073，这意味着我国数字化发展水平提高 1 个单位，将会带动乡村振兴的发展水平增加 0.073。数字化水平交互项系数同时显著且为正值，这说明本地的数字化发展水平对周边地区的乡村振兴发展存在显著的激励作用，即本地区数字化发展水平综合指数每提升 1 个单位，可以促进邻近地区的乡村振兴水平增长 0.986 个单位。表明各省份乡村振兴发展不仅存在内生效应并且存在以数字化水平为交互的外生效应，即数字化对乡村振兴的促进作用具有明显的空间溢出效应。由于空间杜宾模型中的回归系数值并不能将解释变量对被解释变量的影响程度和方式进行直观反映，故本研究运用偏微分分解方法，对我国乡村振兴发展的驱动因素进行空间效应分解，结果如表 3-12 所示。

表 3-12 直接效应、间接效应和总效应分解结果

变量	直接效应	间接效应	总效应
dig	0.108*** (0.031)	1.299*** (0.192)	1.408*** (0.198)
pgdp	-0.014*** (0.001)	-0.056*** (0.010)	-0.070*** (0.011)
gov	-1.758*** (0.266)	0.797 (0.799)	-0.961 (0.937)
urban	-0.001* (0.000)	0.004** (0.002)	0.003* (0.002)
str	0.147*** (0.054)	2.373*** (0.470)	2.521*** (0.511)
pep	-0.001*** (0.000)	-0.003** (0.001)	-0.004 (0.002)
inroad	0.003 (0.003)	0.006 (0.013)	0.009 (0.015)
edu	0.273*** (0.069)	1.173*** (0.318)	1.446*** (0.338)

如上表所示，数字化水平的直接效应、间接效应和总效应均在1%水平下

显著为正，说明数字化发展不仅能推动本地区的乡村发展，也能让周边居民获取更好的就业机会与发展，从而带动周边乡村的发展，这与表 3-11 的分析结果一致，数字化水平会对乡村振兴发展水平产生正向溢出效应，假设 H4 得证。原因可能在于：一是数字化发展能够有效节约产业成本，提升产业效率。数字技术应用于周边传统农业活动中时，改变劳动密集型投入，使用智能化农用器械降低农民的劳动强度、总体上节约劳动成本，提高劳动效率；数字技术应用于农资购买和农产品销售时，可以和周边地区形成规模经济，免除中间环节而提高效率，降低生产成本和交易成本。二是数字化促进农村产业结构升级。技术进步是产业结构升级的内在动力，数字技术在乡村的广泛运用能够快速驱动乡村传统产业结构升级，农业和农村地区其他产业智能化水平的先进经验能够在周边广泛传播。

通过比较发现，间接效应明显高于直接效应，表明数字化对周边地区乡村振兴的影响更大，说明数字化水平对乡村振兴的促进作用现阶段已达到以间接作用为主阶段，这也意味着要充分发挥数字化发展对乡村振兴的促进作用，各地区应注重数字化的协调发展，但同时也都应该主动采取措施加快本地区数字化的发展水平，避免"搭便车"行为而导致数字化进程推进的内源性动力不足。

从控制变量来看，经济发展水平的直接效应、间接效应和总效应均显著为负，和前文的分析基本一致，经济发展水平直接作用于本地时，由于忽略生态宜居的重要性，对乡村振兴发展水平具有明显负向作用，而作用于邻近地区时，经济资源肯定会全力支持本地区的乡村，从外地吸收人力和资源，更不利于邻地乡村；本地区的政府干预程度（gov）对乡村振兴发展的作用只表现在直接效应，即在 1% 的显著水平下，直接效应系数达 -1.758，间接效应和总效应均不显著。城镇化率（urban）的直接效应为 -0.001，间接效应为 0.004，总效应为 0.003，均显著，但间接效应的显著性大于直接效应，说明城镇化率对周边地区乡村发展产生积极影响，最终促进了乡村发展的局面。产业结构（str）对乡村振兴发展存在显著的促进作用，主要表现在间接效应，即在 1% 的显著水平下，总效应系数达 2.521，直接效应达 0.147，间接效应为 2.373，说明产业结构优化升级不但会加快本地的乡村振兴发展，还会对周边地区的乡村振兴产生促进作用。人口结构（pep）的直接和间接效应系数均在1%的水平下显著为负，说明人口老龄化的加快会抑制本地区的乡村发展，周边地区的乡村也会受到负面的影响，可能是因为乡村人口的老龄化必然会导致劳动力的不足，乡村之间的联系减弱等现象，从而抑制了本地区和周边地区的资源要素的流通，阻碍乡村振兴的发展。交通基建（lnroad）的直接效应、间接效应、总效应均为正值，但不显著，其原因可能是道路的畅通对乡村振兴的影响具有滞后性，此外正如前文所述，对于居住偏远分散的农户，公路修建的目的更多在于为村民出行提供便利，而非毫无基础地盲目发展产业，这会一定程度地弱化公路的影响效应。教育支出（edu）的各项系数均在1%的水平下显著为正，说明地区政府的教育支持度越高将会给本地区乡村和周边乡村带来积极影响，故在实施乡村振兴战略的过程中应将优质教育资源向农业农村发展方面倾斜。

二、门槛效应

为了检验数字化水平与乡村振兴之间的非线性关系，本研究将采用Hansen的门槛面板模型进一步分析数字化如何影响乡村振兴，他提出面板门槛模型可用于分析不同阶段的门槛变量对核心自变量的影响，以此来体现自变量对因变量的非线性影响关系，该方法的优点是以"内生分组"代替"外生分组"。根据上文的推断，可以看出，数字化水平可以一定程度上促进乡村振兴，本部分将使用动态门槛面板模型验证财政支出水平（fin）对数字化水平促进乡村振兴的门槛效应，以继续探究随着客观条件的不断变化，数字化水平对乡村振兴的助力作用是否依旧明显。

（一）模型构建

1. 模型的设定

本研究的模型构建于 Hansen 的面板数据门槛模型基础之上，其给出的基本方程为：

$$y_{it} = u_i + \beta_1' x_{it} I(q_{it} \leq \gamma) + \beta_2' x_{it} I(q_{it} > \gamma) + e_{it} \quad 式（3.18）$$

其中，i 表示地区，t 表示年份，q_{it} 为门槛变量，γ 为未知门槛，$e_{it} \sim iid$（0，σ^2）为随机扰动项，$I(\cdot)$ 为指标函数。式（3.18）等价于：

$$y_{it} = \begin{cases} u_i + \beta_1' x_{it} + e_{it}, & q_{it} \leq \gamma \\ u_i + \beta_2' x_{it} + e_{it}, & q_{it} > \gamma \end{cases} \quad 式（3.19）$$

该模型实际上相当于一个分段函数模型，当 $q_{it} \leq \gamma$ 时，x_{it} 的系数为 β_1'，而当 $q_{it} > \gamma$ 时，x_{it} 的系数为 β_2'。

借鉴 Hansen 的门槛模型，本研究主要侧重研究基于财政支出水平的数字化水平对乡村振兴的影响，首先假设只存在一个阈值点的回归函数如下：

$$R_{it} = \lambda_{it} + \partial x_{it} + \beta_1' D_{it} I(q \leq \gamma) + \beta_2' D_{it} I(q > \gamma) + \varepsilon_{it} \quad 式（3.20）$$

其中，R_{it} 为 t 时期 i 省份的乡村振兴发展水平；x_{it} 为一组控制变量；$I(\cdot)$ 为指标函数，q 为门槛变量，表示 t 时期 i 省份财政支出；γ 为单一门槛值，D_{it} 为核心解释变量，表示 t 时期 i 省份的数字化水平；∂、β_1'、β_2' 均为回归系数，λ_{it} 为个体变量，ε_{it} 为服从正态分布的随机扰动项。双门槛模型以及多门槛模型可以通过类似方法拓展得到，这里不再陈述。

2. 模型参数估计

使用两步法进行估计。首先对于给定的门槛值 γ，对模型进行参数估计，得到 β 的估计值 $\hat{\beta}(\gamma)$，相应的残差平方和为 $S_1(\gamma)$。根据 Chan（1993）关于门槛模型最小残差平方和的介绍[36]，如果回归中给的 γ 接近真实的门槛水平，则回归模型的残差平方和应越小。对于 $\gamma \in \{q_{it}: 1 \leq i \leq n, 1 \leq t \leq T\}$（$\gamma$ 最多有 nT 个可能取值），对应的残差平方和 $S_1(\gamma)$ 最小的 $\hat{\gamma}$ 即为估计的门槛值。因此选择 $\hat{\gamma}$，使得 $S_1(\hat{\gamma})$ 最小，即

$$\hat{\gamma}(\gamma) = argmin S_1(\gamma), \quad 式（3.21）$$

进而可得估计系数 $\hat{\beta}(\hat{\gamma})$。即选择模型残差平方和最小时的门槛值作为回归估计的真实门槛值。

3. 门槛效应的检验

在进行门槛回归的参数估计后,本研究对门槛效应进行相关检验。主要包括两个方面的检验:一是门槛效应的显著性检验;二是门槛估计值的真实性检验。

门槛效应的显著性检验

首先,对该模型中门槛效应是否显著进行检验,也就是检验回归结果中的 β_1 与 β_2 是否有显著差异。模型检验的原假设为 H_0:$\beta_1=\beta_2$,对应备择假设为 H_1:$\beta_1 \neq \beta_2$。Hansen(1999)提出使用下面的检验统计量:

$$F_1(\gamma) = \frac{S_0 - S_1(\hat{\gamma})}{\hat{\delta}^2}, \qquad 式(3.22)$$

其中,S_0 为在原假设条件下(即无门槛效应条件下)的残差项平方和,S_1 为具有门限效应条件下的残差项平方和,$\hat{\delta}^2$ 为扰动项方差的一致估计。由于在原假设 H_0 的前提下,门槛值 q 是不存在的,检验统计量不是标准的卡方分布,因此本研究拟采用"自抽样"方法,得到 F 统计量的渐近分布,进而得到对应的 p 值。如果 p 值小于 0.1,则拒绝原假设,认为 β_1 与 β_2 存在显著差异,门槛效应显著;如果 p 值大于 0.1,则接受原假设,认为 β_1 与 β_2 不存在显著差异,即门槛效应不明显。

对门槛估计值的真实性进行检验,即检验所得到的门槛估计值是否等于其真实值,原假设为 H_0:$\hat{\gamma}=\gamma_0$。Hansen(1996)提出使用极大似然估计量检验门槛值,相应的似然比统计量:

$$LR(\gamma) = \frac{S_1(\gamma) - S_1(\hat{\gamma})}{\hat{\delta}^2} \qquad 式(3.23)$$

其中,$S_1(\hat{\gamma})$ 为原假设下进行参数估计后得到的残差平方和,$\delta^2(\hat{\gamma})$ 为原假设下进行参数估计后得到的残差方差。此时,统计量 LR 的分布也是非标准的,但 Hansen 提供了一个简单的公式,可以计算出其拒绝域,即在显著性水平为 α 时,当 $LR(\gamma) > -2\ln(1-\sqrt{1-\alpha})$ 时,拒绝原假设。一般地,当 α 在 1%、5%、10%的显著性水平下,LR 统计量的临界值分别为 10.59、7.35、6.53。

（二）门槛模型结果分析

首先，确定模型是否存在门槛效应，本研究使用 STATA 软件采取"自抽样法"（Bootstrap）进行重复抽样 300 次，并依次进行单一门槛、双重门槛和三重门槛的检验，检验结果如表 3-13 所示。由门槛效应检验结果可知，财政支出水平对数字化促进乡村振兴发展水平的单一门槛效应和双重门槛效应分别在 1% 和 10% 的水平下显著通过检验，三重门槛对应 p 值为 0.613，未能通过显著性检验，所以选取双重门槛效应模型分析数字化对乡村振兴的影响。

表 3-13　门槛效果自抽样检验及其估计值

门槛变量	假设检验	F 值	P 值	BS 次数	临界值 1%	5%	10%
财政支出（fin）	单一门槛	51.77***	0.007	300	49.138	30.493	25.470
	双重门槛	26.48*	0.060	300	43.750	30.137	22.842
	三重门槛	11.30	0.613	300	32.946	27.569	22.843

其次，在确定双重门槛后，本研究对门槛估计值及相应的置信区间展开分析，结果如图 3-11 为门槛模型的似然比函数图和表 3-14 所示，门槛对应的门槛值分别为 6 069.22 和 1254.54。

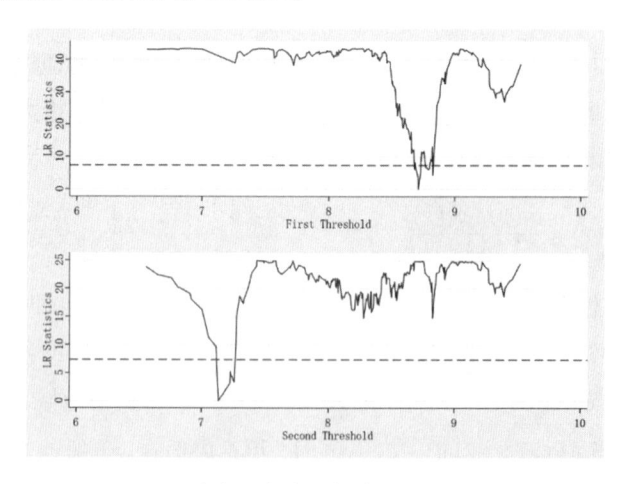

图 3-11　财政支出水平作为门槛值的 LR 图

表 3-14　门槛估计值及置信区间

门槛变量	假设检验	门槛数	95%置信区间
fin	First Threshold	6069.220	[5977.024,6132.839]
	Second Threshold	1254.540	[1233.740,1372.780]

最后，在确定双重门槛值的基础上，对数字化作用于乡村振兴的非线性双重门槛模型进行回归分析，结果如表 3-15 所示。

表 3-15　门槛效应回归结果

门槛变量	fin
fin≤1 254.54	0.275***（0.059）
1254.54<fin≤6 069.22	0.168***（0.047）
fin>6069.22	0.212***（0.042）
控制变量	YES
双向固定	YES
N	390
R^2	0.952

由上表可知，以财政支出作为门槛变量，数字化对乡村振兴的影响力度随着财政支出的提升发生突变。当 fin≤1 254.54 时，数字化对乡村振兴的回归系数在 1%水平下显著为正，影响系数为 0.275；当处于第二阶段，数字化对乡村振兴的回归系数下降为 0.168，并在 1%水平下显著；当 fin>6 069.22 时，影响系数又上升为 0.212，在 1%水平下显著。说明数字化发展总是助力乡村振兴，且在不同财政支出水平下，数字化水平对乡村振兴的助力程度不同，在财政支出水平较低的情况下，应通过提高财政支持力度，提升数字化水平，推进乡村振兴。

第四节　数字化与乡村振兴耦合协调分析

一、数字化与乡村振兴耦合协调的理论分析

以上实证研究表明，数字化水平和乡村振兴之间存在着密切的关联。数字化将直接作用于乡村产业兴旺、生态宜居、乡风文明、治理有效和生活富裕五个方面，促进其快速发展。从产业兴旺的角度看，数字化发展是促进产业振兴的重要举措，也是促进我国农业农村经济发展的新动力。数字金融可以有效减少农业融资制约，提高农业资金的可获得性。其次，数字化技术的延伸和渗透可以使农业生产力得到解放和效率提升。再次，数字化发展带来新的业态和新的模式，能促进乡村产业结构优化升级。最后，以新媒体、电子商务为信息传播媒介，能够有效减少农村市场信息不对称现象，降低农民寻找信息的成本，加快信息要素在农村产业全链条的传播速度，促使产业链升级。从生态宜居的角度来看，数字化发展是构建美丽乡村的重要手段。在农业中应用数字化技术，能有效实现农业绿色转型发展。从乡风文明的角度来看，数字技术加速了城乡之间文化资源的流动，使文化传播不再受时间和空间的束缚，提高了文化的共享力和影响力，丰富了人们的精神世界，促进了城市和乡村之间的文化融合。在治理有效方面，数字化发展是推动乡村基层治理的有效途径。党建的信息化和智能化发展，推动了党建工作效率提升和改革创新，更好引领自治、法治、德治融合。在生活富裕方面，数字化有助于拓宽农村就业空间，增强就业吸纳能力，通过拓宽收入渠道、提高收入水平来提升农村居民的物质生活水平和质量。同时，数字技术可以打破传统市场的空间局限，促使乡村产品跨区域市场交易，在供需两端同时发力，提高市场成交率和交易效率，帮助农民致富。

数字化水平与乡村振兴在中国式现代化建设中扮演着至关重要的角色，两者不仅可以共同推动经济社会的高质量发展，而且还可以彼此影响，以促进双方的共同进步。数字化发展可以为乡村振兴提供强有力的技术支持，而乡村基础设施的完善、现代经济体系的构建、营商环境的营造、社会治理的

发展又能为数字化发展提供保障。

乡村振兴战略提出的"产业兴旺、生态宜居、乡风文明、治理有效、生活富裕"总体目标，要求从人文、经济、资源环境等多维度入手提振乡村，解决当前面临的农业农村发展困境。诸如农业产业化、规模化经营、农产品网销、农村人居环境治理等，都为数字化在乡村发展中带来广阔的应用和施展空间。乡村振兴对数字技术、数据要素的多元化需求，促进数字化对乡村振兴的适配性，并为乡村数字化发展提供基础和战略指引。此外，乡村振兴注重乡村地区的内生发展动力，其对乡村数字化水平的需求，推动农村数字化治理体系、信息惠民服务、农村数字化等方面不断完善相关政策，加大数字基础设施建设投入力度，提升农民体的数字素养，进而推动数字乡村发展。

乡村数字化发展与乡村振兴在农村经济发展、农村生态建设、乡风文明建设、农村基层治理以及农村居民生活等方面相互影响、相互促进、协同发展（见图 3-12）。随着科技的进步，数字化水平与乡村振兴的融合发展已经变得越来越必要，本部分将探讨数字化和乡村振兴之间的耦合关系。

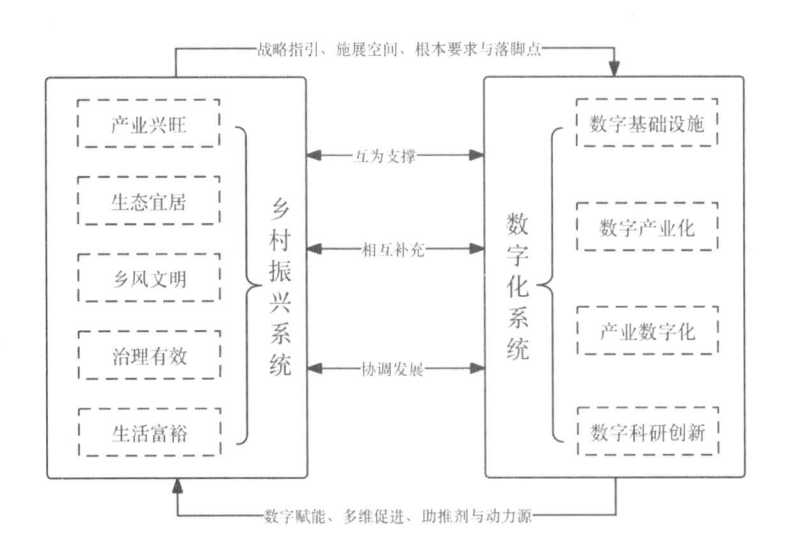

图 3-12 数字化与乡村振兴耦合协调发展机制

二、模型构建

（一）耦合协调度模型

耦合是指两个及以上系统通过系统内部运动发生交互作用且相互依赖于对方的一个量度，多个系统之间也存在交互作用。耦合度模型仅能反映出各系统之间的交互性，而无法反映系统间是否协调。当某地区两个系统间的发展水平都较低时，其耦合度仍可能处于一个较高的水平，这样的研究并不具有现实意义。耦合协调度可以更好地反映各系统之间的协调发展关系，考虑两个系统发展的层次性和整体效应。

本研究将数字化子系统定义为 U_1，将乡村振兴子系统定义为 U_2，将 U_1、U_2 两大系统间的相互促进程度定义为耦合度，将两系统间协调发展程度定义为耦合协调度，在徐雪和王永瑜、杜岩等研究的基础上，本研究对数字化水平-乡村振兴的相互协调促进程度进行量化，系统间耦合协调度模型的计算公式如下：

$$C = \sqrt{\frac{U_1 \times U_2}{\left(\frac{U_1 + U_2}{2}\right)^2}}, T = \alpha U_1 + \beta U_2, D = \sqrt{C \times T} \qquad 式（3.24）$$

其中，C 代表两个子系统间的耦合度，$C \in [0,1]$，C 越趋近于 1，表示耦合度越好，两个系统的发展越趋向于有序结构，反之则趋向于混乱无序。U_1、U_2 分别代表数字化水平、乡村振兴发展水平系统综合评价得分。D 代表两个系统的耦合协调度，$D \in [0,1]$，D 值越大，不仅说明系统发展情况越好，同时还说明系统之间越是能够协调发展、相互促进。T 为两个子系统综合发展指数，α、β 代表待定系数，根据李燕凌等（2022）的研究，本研究认为数字乡村与乡村振兴同等重要，故 α、β 均取值 0.5。根据刘耀彬和宋学峰（2005）、崔潇等（2023）的研究，将耦合协调度划分为 10 个等级，如表 3-16。

表 3-16　耦合协调度等级划分

等级	耦合协调度区间	协调度等级
1	$D \in [0, 0.1)$	极度失调
2	$D \in [0.1, 0.2)$	严重失调
3	$D \in [0.2, 0.3)$	中度失调
4	$D \in [0.3, 0.4)$	轻度失调
5	$D \in [0.4, 0.5)$	濒临失调
6	$D \in [0.5, 0.6)$	勉强协调
7	$D \in [0.6, 0.7)$	初级协调
8	$D \in [0.7, 0.8)$	中级协调
9	$D \in [0.8, 0.9)$	良好协调
10	$D \in [0.9, 1]$	优质协调

（二）核密度估计

本研究采用核密度估计曲线考察数字化与乡村振兴耦合协调度动态收敛特征。与传统的直方图相比，非参数核密度估计（non-parametric kernel density estimation，KDE）具有函数预设的客观性和捕捉元素变化的准确性等优点，能够更加直观地揭示差异的演进趋势，以各省市单元的数字化与乡村振兴耦合协调度为基础，借助 stata 软件考察其曲线位置、形状及延展性。核密度估计公式如下：

$$f(x) = \frac{1}{mh} \sum_{i=1}^{m} k\left(\frac{x_i - \bar{x}}{h}\right) \qquad 式（3.25）$$

其中，x_1，x_2，x_3，…，x_m 为 m 个样本点，其观测值满足独立同分布；h 为带宽；k 为核函数。本研究选择应用最广泛的高斯核函数（Gauss）。

（三）泰尔指数

泰尔指数是根据信息论中熵的概念提出的，用于量化区域间和区域内差异以及不平衡关系,在测算各领域发展差距方面具有清晰性、实效性特征以及易于分解的明显优势。为探究数字化与乡村振兴耦合协调度差异,本研究选择泰尔指数量化其差异。其具体公式为:

$$T = \frac{1}{n}\sum_{i=1}^{n}\frac{y_i}{\bar{y}}\ln\left(\frac{y_i}{\bar{y}}\right) \qquad 式(3.26)$$

T 为各省市数字化与乡村振兴耦合协调度差距程度,即泰尔指数;y_i 为第 i 地区的数字化与乡村振兴耦合协调度;$\bar{y}$ 表示所有地区的平均数字化与乡村振兴耦合协调度。泰尔指数可以进一步分解为区域内(T_w)和区域间(T_b)两部分,其计算公式如下:

$$T = T_w + T_b = \sum_{k=1}^{K} y_k T_k + \sum_{k=1}^{K} y_k \ln\left(\frac{y_k}{n_k/n}\right)$$
$$T_k = \sum_{i \in g_k} \frac{y_i}{y_k} \ln\left(\frac{y_i/y_k}{1/n_k}\right) \qquad 式(3.27)$$

其中,T_k 为第 k 组的组内差距;K 为群组数,每组分别为 g_k($k=1,\cdots,K$),n_k 表示第 k 组 g_k 中的个体数目,则有 $\sum_{k=1}^{K} n_k = n$;y_i 和 y_k 为第一级分区(组别)和第二级分区(个体)的数字化与乡村振兴耦合协调度。此外,可以计算第 k 组组内差距的贡献率(D_k)、区域内(D_w)和区域间(D_b)差距的贡献率:

$$D_k = y_k \cdot \frac{T_k}{T} \quad D_w = \sum_{k=1}^{K} D_k$$
$$D_b = \frac{T_b}{T} \qquad 式(3.28)$$

三、数字化–乡村振兴耦合协调度分析

(一)时空特征分析

通过构建耦合协调度模型计算我国 30 个省、自治区、直辖市的数字化水平与乡村振兴耦合协调度,从 2010 年、2014 年、2018 年和 2022 年两大系统之间耦合协调度的测算结果可知,整体协调水平呈缓慢提升趋势。

2010年，没有省市达到中级协调水平，并且处于初级协调水平的只有江苏、山东、河南和广东，处于勉强协调的有19个省市，西部地区大多数省市处于濒临失调的协调水平，如重庆、贵州、甘肃、青海、宁夏，主要由于这些省市地处内陆，数字创新环境较差、数字服务能力不足等因素严重阻碍了这些地区数字化水平的发展。海南和天津虽地处东部地区，但两系统协同发展程度为濒临失调，落后于东部地区其他省份，由于这些省份正处于新旧动能转换的关键时点，实现数字化和乡村振兴协调发展的难度较大。

2014年，仍然没有省市达到中级协调水平，但大部分省市的耦合协调度都有提升，北京、河北和浙江均从原本的勉强协调水平上升到初级协调水平。原本处于濒临失调的西部地区的耦合协调水平都达到勉强协调的等级，仅剩青海仍然濒临失调，其原因是这些西部省份在推进乡村振兴方面具有天然优势，如农业资源丰富、生态水平较高，且随着我国精准扶贫、精准脱贫的推进，在一定程度上推动了宁夏、新疆、甘肃等地区数字化与乡村振兴的协同发展，但耦合协同程度依然有较大潜力待挖掘。

2018年，江苏、山东和广东的耦合协调度上升至中级协调水平，其原因是这些省份的社会经济相对发达，地方政府财政收入充裕，固定资产投资的增加，能够夯实数字化发展的根基，且高水平的居民消费可以带动数字化水平发展。同时，山东、江苏、广东等地区农业农村信息化建设位于全国前列，加上中央和地方各项监管制度以及有力措施的施行，吸引数字技术人才流入，促进农村电商等新业态快速发展，实现了数字化与乡村振兴协同发展水平提升。值得注意的是，广东是首个达到中级协调的省份，这是由于其自身的区位优势、创新环境、产业数字化和数字产业化水平较高，且自身通过建立新型帮扶机制，培育壮大数字农业，促进全省乡村振兴发展水平的提升。但其未能通过区域优势辐射邻省，导致相邻省份两系统耦合协调度处于较低水平。上海、安徽、福建、湖北和湖南从原本的勉强协调等级上升至初级协调区间内，仍处于勉强协调的省市虽然未发生越级式变化，但其耦合协调度值均有上升趋势。

2022年，新增的中级协调水平省市有浙江和河南，达到初级协调的省市高达 13 个，其中包括黑龙江、湖北、安徽、湖南、江西等省份，但与东部地区相比两系统协同发展态势较弱。究其原因，是这些省份承接产业转移类型多为劳动密集型，导致产业数字化和数字产业化程度落后于东部地区省份，需要通过政府支持促进数字技术在农村地区的广泛应用，促进中部地区数字化与乡村振兴的协同发展。而其余省市都处于勉强协调水平的高值区间内，接近初级协调水平。同期四川、陕西、广西、重庆等省、自治区、直辖市耦合协同程度相较于西部地区其他省份较高，处于初级协调，这是由于西部陆海新通道建设的不断推进为这些省份数字化建设与乡村振兴发展奠定了坚实基础，且受东部地区省份帮扶，助力数字化发展与乡村振兴耦合协调水平稳步提升。

综合来讲，耦合协调度存在明显的由东部沿海地区向西部内陆地区递减的空间格局。东部由于扎实的经济基础和完善的基础设施建设，不仅在数字化与乡村振兴发展水平方面名列前茅，同时数字化发展对乡村振兴的推动作用也较为显著，而中西部地区农村人口长期外流，加之经济基础薄弱、基础设施相对落后、农民数字素养较低，数字化与乡村振兴的协同发展相对迟缓。但近年来随着国家政策倾斜以及西部地区数字基础设施建设，有助于西部地区形成完整产业链，促使东西部差距缩小。整体来看，2010—2022 年各省份数字化水平与乡村振兴耦合协调呈现良好上升态势，主要为"椭球形"分布状态，即处于勉强协调发展和初级协调的中间状态省份偏多，处于濒临失调以及中级协调发展两端的省份较少。

（二）分布动态演进特征分析

为深入分析我国各地区数字化与乡村振兴协调发展水平的绝对差异特征，本研究选取 2010 年、2014 年、2018 年和 2022 年 4 个观测时间点，分析全国及东中西部地区数字化与乡村振兴协同发展水平的动态特征，具体如图 3-13 所示。

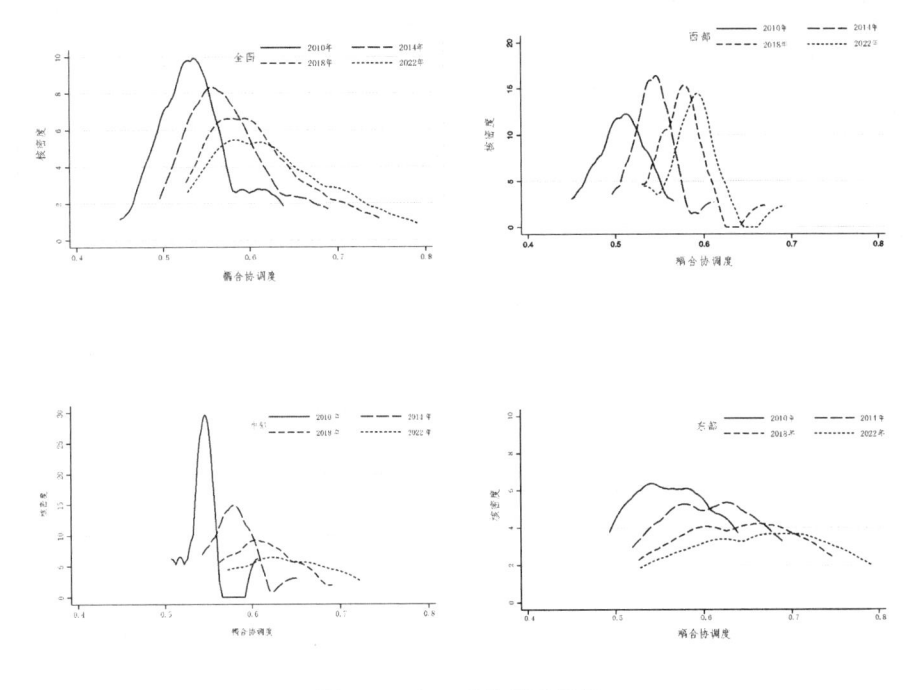

图 3-13 kernel 密度函数图

我国数字化与乡村振兴协调发展水平的分布动态演进趋势，主要表现出以下四个特点：首先，从分布位置看，我国数字化与乡村振兴协调发展水平的密度曲线中心向右移动，表明在2010—2022年，我国协调发展水平呈逐步提升态势。其次，从分布形状看，2010—2022年，我国数字化与乡村振兴协调发展水平的密度曲线呈现逐渐变矮和平缓的形态，说明两者协调发展水平的绝对差异有明显增加的趋势。从波峰数量看，2010—2022年核密度曲线多峰分布形态存在明显减弱趋势，说明我国数字化与乡村振兴协调发展的多极分化现象正在缓慢减弱。最后，从分布延展性看，协调发展水平的密度曲线的右拖尾特征增强，表明各省份在数字化与乡村振兴协调发展过程中差异程度整体上逐渐增加。

东中西部地区数字化与乡村振兴协调发展动态演进趋势主要表现为：首

先，从分布位置看，2010—2022年东中西部地区的核密度曲线中心均有不同程度的右移，说明东中西部地区协调发展水平均稳步提升。其次，从分布形态看，东部地区核密度曲线峰度呈现下降，曲线宽度变大；中部地区核密度曲线峰度呈现下降趋势，曲线大幅变宽，2018年后曲线延展性显著增强；西部地区核密度曲线峰度呈现先升后降的趋势，曲线有变窄趋势，右尾拖尾现象增强。最后，从极化趋势看，2010—2022年东部地区表现双峰状态，说明东部地区两极分化现象显著，这可能是由于东部地区内部省份协调发展水平差异较大；中部地区呈现单峰向双峰过渡状态，说明中部地区差距在持续加大；西部地区从多峰形态向单峰形态逐渐演化，这表明西部地区协调发展水平两极分化现象得到缓解。

（三）空间差异及其差异源分析

由式（3.26）~式（3.28）计算得到的2010—2022年全国及各地区泰尔指数分解结果，进一步揭示我国及各地区数字化与乡村振兴协调发展水平的空间差异及其差异源，结果如表3-17所示。从全国整体差异看，就演变形态而言，我国数字化与乡村振兴协调发展水平虽呈现非均衡状态，且总体差异呈现扩大态势，但总体差异介于0.003~0.006。就演变趋势而言，可以分为3个阶段：2010—2013年，整体差异呈现缓慢增加的趋势，泰尔指数从2010年的0.0034上升到2013年的0.0039；2014—2015年，总体差异呈现下降趋势，泰尔指数下降幅度为0.0003；2016—2022年，整体差异呈现较大程度的增长。由此可见，我国数字化与乡村振兴协调发展水平整体差异呈上升态势。

表3-17 2010—2022年全国及各地区的泰尔指数分解结果

年份	泰尔指数						泰尔指数贡献率				
	全国	区域间	区域内	东部	中部	西部	东部	中部	西部	区域内	区域间
2010	0.0034	0.0011	0.0023	0.0036	0.0012	0.0018	0.4036	0.0934	0.1868	0.6837	0.3163
2011	0.0036	0.0011	0.0025	0.0038	0.0013	0.0019	0.4028	0.0970	0.1830	0.6828	0.3172
2012	0.0036	0.0011	0.0025	0.0041	0.0012	0.0017	0.4391	0.0905	0.1637	0.6933	0.3067

续表

年份	泰尔指数						泰尔指数贡献率				
	全国	区域间	区域内	东部	中部	西部	东部	中部	西部	区域内	区域间
2013	0.0039	0.0012	0.0026	0.0045	0.0012	0.0017	0.4479	0.0824	0.1521	0.6824	0.3176
2014	0.0036	0.0011	0.0025	0.0044	0.0013	0.0013	0.4759	0.1000	0.1290	0.7049	0.2951
2015	0.0036	0.0011	0.0025	0.0044	0.0013	0.0013	0.4668	0.0970	0.1194	0.6832	0.3168
2016	0.0041	0.0011	0.0030	0.0051	0.0016	0.0017	0.4854	0.1033	0.1468	0.7355	0.2645
2017	0.0042	0.0010	0.0032	0.0056	0.0017	0.0018	0.5155	0.1088	0.1481	0.7723	0.2277
2018	0.0045	0.0009	0.0036	0.0064	0.0019	0.0018	0.5445	0.1136	0.1415	0.7996	0.2004
2019	0.0051	0.0010	0.0042	0.0071	0.0023	0.0024	0.5306	0.1192	0.1634	0.8132	0.1868
2020	0.0055	0.0009	0.0046	0.0079	0.0026	0.0025	0.5518	0.1258	0.1599	0.8374	0.1626
2021	0.0054	0.0010	0.0043	0.0075	0.0024	0.0023	0.5379	0.1208	0.1512	0.8100	0.1900
2022	0.0059	0.0012	0.0047	0.0081	0.0030	0.0024	0.5286	0.1366	0.1370	0.8022	0.1978

就区域内差异而言，由表 3-17 可知，我国东中西部地区数字化与乡村振兴协调发展水平差异呈现波动上升的趋势。其中，东部地区上升幅度较大，为 0.0045，说明东部地区内部省份协调发展水平差距逐渐扩大，越发趋向非均衡状态；西部地区在区域均衡发展上表现最为突出，总体差异在 0.0013~0.0025 之间波动，远低于东部地区；中部地区区域差异呈现逐渐上升的趋势，2022 年上升至 0.0030。

就差异来源及贡献率而言，在样本观测期内，区域间差异贡献率与区域内差异贡献率成反向发展趋势。区域内差异贡献率整体呈稳步上升趋势，2010—2022 年，从 68.37% 上升至 80.22%；与之相反，区域间差异贡献率呈持续下降趋势，2010—2022 年，从 31.63% 下降至 19.78%。因此，可以看出区域内差异是影响数字化与乡村振兴协调发展的主要原因。

第四章

数字化赋能乡村振兴的案例研究

第一节　重庆山区库区数字化赋能发展富民柑橘产业

柑橘种植是我国种植面积最大、产量最高的水果产业之一。早在公元前2200年，我国就有对柑橘的记录和描述，这是世界上最早的关于柑橘的文字记载。我国关于现代柑橘的研究起始于20世纪20年代末，随着吴耕民、孙云蔚等果树学者的陆续回国，果树遗传育种、果树生理学、果树营养学等果树学理论和技术被引入国内。1934年，我国柑橘学科奠基人章文才在《中国园艺学会会刊》发表了国内第一篇有关乙烯处理柑橘的学术论文。中华人民共和国成立以后，我国柑橘研究可以分为以下几个阶段（郭文武等，2019；祁春节等，2021）。1949—1978年，在生产队集中统一经营的方式下，柑橘面积和产量长期处于低水平且不愁销路，因此这一阶段柑橘研究主要集中在引种、良种挖掘、资源普查等方面。1978—1999年，我国柑橘生物技术研究得到发展（黄志文等，1981；王陆，1984；王士刚，1989；潘家铮等，1990；李卫，1997），同时国家加大对柑橘产业的宏观指导（张昌年等，1995），成立中国柑橘学会，编制柑橘优势区域规划。1999—2007年，由于1999年签署的《中美农业合作协议》直接推动我国柑橘产业进入国际竞争领域，这一时期开始注重提升我国柑橘产业国际竞争力（蔡派，1999；黄强，1999；农业部考察团，2003；邓秀新，2004；田世英，2004；余学军，2006）。2007年至今，我国柑橘产业研究得到快速发展。2007年年底启动了首批国家现代农业产业技术体系建设试点——柑橘产业技术体系，成为我国柑橘研究与产业无缝对接的重要里程碑后，快速推进柑橘生产流通、国内外贸易、产业政策体系构建。随着数字经济与实体经济的融合，柑橘产业领域数字化应用加快推进。我国柑橘主产地加大实践探索，以数字化助力柑橘产业效率提升和绿色发展。我国柑橘优势区域包含长江上中游柑橘带、赣南—湘南—桂北柑橘带、浙南—闽西—粤东柑橘带以及一批特色柑橘生产基地，主要涉及的省、自治区、直辖市有重庆、四川、湖北、湖南、江西、广西、广东、福建、浙江等，这些地区的柑橘种植总面积和总产量分别达到全国的93%和95%。重庆有3 000多年的柑橘栽培历史，是世界上柑橘生产最适宜地区之一，是我国长江上中游柑橘带的核心区，为此本书选择将重庆作为案例地，开展数字化赋能柑橘产业的研究。

一、案例地概况

重庆地处长江上游，位于全球柑橘黄金产区，总面积 8.24 万平方千米，辖 38 个区县。2023 年全市常住人口 3 213.3 万人，其中乡村常住人口 903.98 万人。重庆柑橘核心产区位于三峡库区，该区域柑橘种植面积和产量占全市的 70%以上，柑橘主产地主要包括奉节县、忠县、万州区、开州区、云阳县、长寿区、巫山县、江津区、涪陵区等山区库区县。这些区县多位于秦巴山区和武陵山区，经济社会发展受到大山阻隔制约，其中奉节县、万州区、开州区、云阳县、巫山县曾经是国家级贫困县，涪陵区、忠县曾经是市级贫困县。

重庆山区库区柑橘产业历史悠久且具有明显的比较优势。一是资源禀赋优势。三峡库区为亚热带季风气候区，年均温度 17~19℃，年日照 1 200~1 600 小时，年降雨量 1 100~1 300 毫米。该区域冬暖春早，秋短夏长，降水丰沛，少霜雪，无周期性冻害，无检疫性病虫害，土壤 PH 值为 5.0~6.5，有机质含量在 2%~3%，十分适宜柑橘生长，晚熟品种可以安全越冬，区域得天独厚的自然禀赋为柑橘产业的发展奠定了良好基础。二是规模比较优势。重庆柑橘产业发展迅速，在国内柑橘市场需求拉动与地方政府支持下，柑橘种植面积、产量、产值和从业人员持续增长，形成了规模大、优势强的柑橘种植产业带。三是效率比较优势。谭明交等（2021）对我国柑橘主产区柑橘效率比较优势指数进行测算，得出重庆高于湖北、四川、浙江、江西、湖南的结论。

重庆山区库区紧抓柑橘产业比较优势，积极利用数字技术助力产业摆脱发展困境，推动产业规模化、集群化、绿色化发展，将柑橘产业发展成为地方特色的富民产业。奉节县、忠县、万州区、开州区、云阳县、长寿区、巫山县、江津区、涪陵区等柑橘主产区农民收入持续增长，2020 年年底实现现行标准下农村贫困人口全部脱贫，2023 年农民人均可支配收入分别达到 16 899 元、22 196 元、22 364 元、20 530 元、18 063 元、22 504 元、15 628

元、27 222 元、22 097 元。

二、案例分析

（一）柑橘产业发展情况

1. 重庆柑橘产业总体情况

重庆直辖以来，柑橘产业规模快速扩张，发展成为全市最大的特色水果产业和重要的乡村富民产业。柑橘种植面积和产量分居全国第五位和第七位，柑橘种植业产值达到 236 亿元，带动 300 万果农年人均增收 7 000 余元。

1997—2022 年，重庆柑橘种植面积从 56 千公顷增长至 230.9 千公顷，增幅 312.32%。占全国的比重总体呈上升态势，1997 年为 4.28%，2017 年突破 8%，2019 年达到 8.47%，2022 年略有回落，为 7.71%（见图 4-1）。

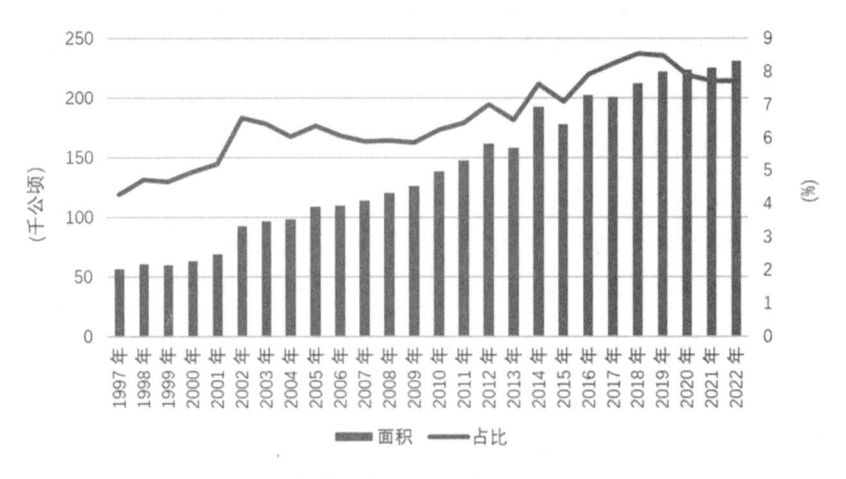

图 4-1　重庆柑橘种植面积情况（果园面积）

数据来源：1998—2023 年《中国农村统计年鉴》

1997—2022 年，重庆柑橘产量从 45.7 万吨增长至 363.6 万吨，增幅 695.6%。占全国的比重总体呈上升态势，"十二五"前中期维持在 5%~6%区间，2015 年达到 6.15%；"十三五"期间维持在 6%~7%区间，2022 年达到 6.06%（见图 4-2）。

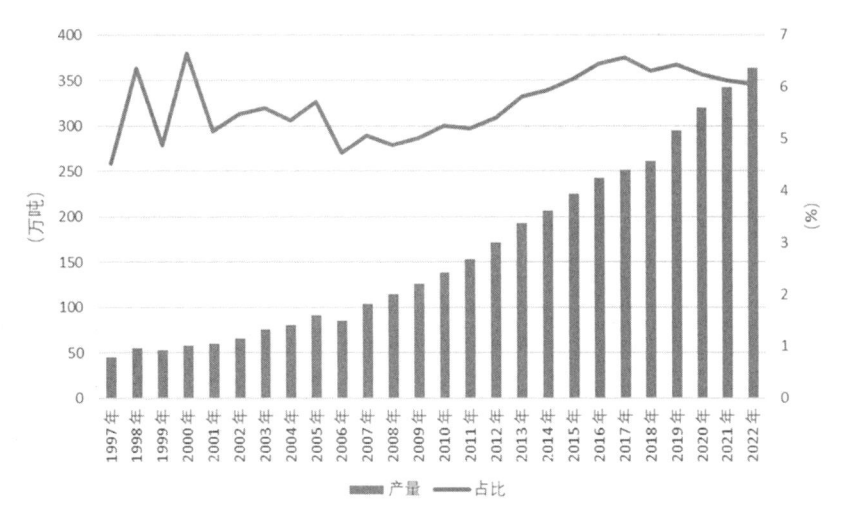

图 4-2　重庆柑橘产量情况

数据来源：1998—2023 年《中国农村统计年鉴》

2. 主产区柑橘产业发展情况

奉节县柑橘种植面积 37.5 万亩，年产量 48 万吨，综合产值超 60 亿元。柑橘种植地区主要分布于县域内"一江五河"（县境内 40 千米长江两岸及其支流草堂河、梅溪河、朱衣河、墨溪河、石笋河）流域海拔 600 米以下的区域，主产区包括白帝镇、安坪镇、草堂镇、康乐镇、永乐镇、朱衣镇、新民镇、汾河镇、大树镇、石岗乡、公平镇、甲高镇、羊市镇、五马乡、鹤峰乡、兴隆镇、长安乡等 26 个乡镇。品种主要有凤早、凤园、凤晚、红翠 2 号。主要品牌为"奉节脐橙"。

忠县柑橘种植面积 36.5 万亩，年产量 45 万吨，综合产值达 50 亿元。柑橘早中熟品种重点布局在沪蓉高速沿线及忠万路沿线海拔 400~550 米地区，晚熟品种重点布局在长江沿岸乡镇海拔 175~400 米地区，主产区包括双桂镇、新立镇、拔山镇、花桥镇、永丰镇、石宝镇、黄金镇、忠州镇、新生镇、任家镇、复兴镇、东溪镇、乌杨镇、洋渡镇、涂井乡、磨子乡等乡镇。忠县大力发展加工甜橙和鲜食晚熟品种柑橘，鲜销方面品种主要有爱媛 38、春见、沃柑、金秋砂糖橘，加工方面品种主要有长叶香橙。主要品牌为"忠县忠橙"。

万州区柑橘种植面积41万亩，年产量54万吨，综合产值达52亿元。柑橘种植地区主要分布于新田镇、甘宁镇、太龙镇、白羊镇等21个乡镇。品种主要有玫瑰香橙、红橘等，其中玫瑰香橙为万州区近年来大力发展的品种，红橘是我国最古老的柑橘品种之一，万州是红橘原产地和集中产区，被誉为"世界红橘基因库"。主要品牌为"万州玫瑰香橙""万州红橘"。

开州区柑橘种植面积35.2万亩，年产量35.7万吨，综合产值达52亿元。柑橘种植地区主要分布于江里现代柑橘产业园区、环汉丰湖晚熟柑橘产业带、环浦里新区现代柑橘产业带、开城高速沿线产业带，主产区包括临江镇、义和镇、中和镇、长沙镇、竹溪镇等乡镇。开州重点发展鲜食晚熟品种柑橘，主要有纽荷尔、春见、红肉脐橙、沃柑、血橙、丑橘、大雅柑。主要品牌为"开州春橙"。

云阳县柑橘种植面积32.7万亩，年产量39万吨，综合产值达40亿元。柑橘种植地区主要分布于县内"一江四河"（长江、澎溪河、汤溪河、磨刀溪、长滩河）海拔550米以下山地、丘陵（河谷）地区，主产区包括养鹿镇、平安镇、双龙镇、江口镇等29个乡镇。重点打造鲜食晚熟柑橘，中熟品种有纽荷尔脐橙、椪柑、红橘、蜜柚等，晚熟品种有伦晚脐橙、红肉脐橙、切斯列特脐橙、斑菲尔脐橙、鲍威尔脐橙、塔罗科血橙、W.默科特、沃柑、大雅柑等。主要品牌为"云阳红橙"。

巫山县柑橘种植面积20万亩，年产量12万吨，综合产值超10亿元。柑橘种植地区主要分布于双龙镇、福田镇、大昌镇、大溪乡、曲尺乡、巫峡镇、官渡镇等乡镇。重点发展鲜食中晚熟品种柑橘，其中中熟品种以纽荷尔为主，晚熟品种以W.默科特为主。主要品牌为"巫山恋橙"。

长寿区柑橘种植面积30.9万亩，年产量24.6万吨，综合产值约25亿元。柑橘种植地区主要分布于长寿湖、大洪湖周边，主产区包括云集、长寿湖、双龙、龙河、石堰等乡镇。品种主要有长寿柚、W.默科特、塔罗科血橙、春见、夏橙。主要品牌为"长寿沙田柚"。

江津区柑橘种植面积16.67万亩，年产量18.49万吨，综合产值为5.26亿元。柑橘种植地区主要分布于李市镇至白沙片区、綦河片区、石门片区，主产区包括白沙镇、慈云镇、西湖镇等乡镇。品种主要有 W.默科特、塔罗科血橙、卡拉·卡拉红肉脐橙、清见。主要品牌为"江小橙"等。

涪陵区柑橘种植面积 20 万亩，年产量 15 万吨，年产值 4 亿元。柑橘种植地区主要分布于区内沿江河谷丘陵区域，主产区包括新妙镇、石沱镇等近 20 个乡镇。品种主要有纽荷尔脐橙、W.默科特、塔罗科血橙、沃柑、不知火、瑁溪蜜柚。主要品牌为"涪陵·涪橙"等。

（二）主要举措及成效

1. 加大政策支持和引导

重庆为了促进柑橘产业的发展，出台了一系列政策措施，推动柑橘种植、加工、交易等发展（见图 4-3、表 4-1、表 4-2）。

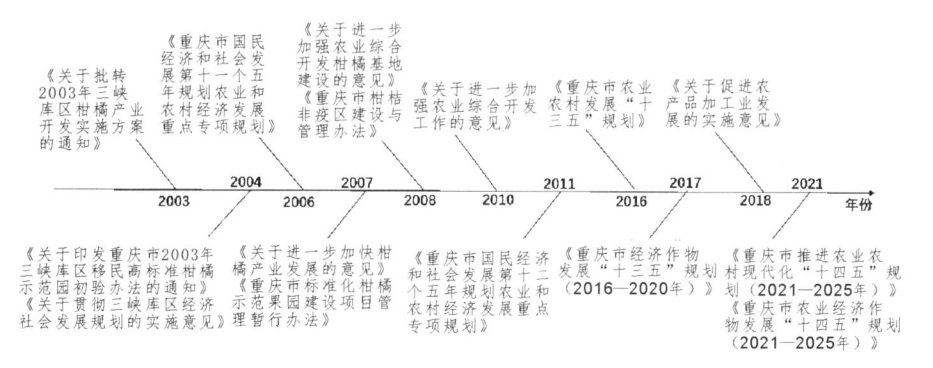

图 4-3 重庆柑橘产业政策图

注：上图由作者梳理相关政策制作而成

表 4-1 重庆柑橘产业政策主要内容

名称	主要内容	时间
《关于批转 2003 年三峡库区柑橘产业开发实施方案的通知》	2003 年计划安排建设三峡库区移民柑橘果园 22000 亩，其中万州 3000 亩，开县 3000 亩，忠县 3000 亩，巫山 2000 亩，奉节 2000 亩，云阳 2000 亩，丰都 2000 亩，涪陵 2000 亩，长寿 2000 亩，江津 1000 亩	2003 年 5 月

续表

名称	主要内容	时间
《关于印发重庆市2003年三峡库区移民高标准柑橘示范园初验办法的通知》	重庆市2003年三峡库区移民高标准柑橘示范园初验的验收依据、验收组织程序及分工、初验标准及内容、初验方法及评定标准	2004年8月
《关于贯彻三峡库区经济社会发展规划的实施意见》	特色农业要以优势农产品开发为重点，发展"优质、高产、高效、生态、安全"的特色农产品种植业、养殖业和加工业，重点发展适应市场需求的以柑橘为主的林果、草食牲畜、中药材、蔬菜等特色产品，加强农业社会化服务体系建设	2004年11月
《关于印发重庆市国民经济和社会发展第十一个五年规划农业和农村经济发展重点专项规划的通知》	建设以万州、长寿、江津、永川、忠县、云阳、开县、奉节等区县（市）为重点的长江优质柑橘产业带	2006年11月
《关于进一步加快柑橘产业发展的意见》	到2012年，江津、长寿、垫江、忠县、万州、云阳、奉节、开县、永川、巫山等10个重点区县集中成片新发展柑橘标准化果园80万亩以上，全市柑橘种植面积达到260万亩以上，年总产量在现有基础上翻一番，达到200万吨以上；年加工鲜果150万吨以上，其中商品化包装处理50万吨以上，橙汁加工处理100万吨以上；建成完备的柑橘种苗三级繁育体系，柑橘非疫区通过认证，完成"中国柑橘城"核心区建设，尽快形成健全的柑橘产业体系，为到2020年全面建成全国最大的晚熟柑橘和橙汁出口基地奠定坚实基础	2007年9月
《重庆市标准化柑橘示范果园建设项目管理暂行办法》	对示范果园的申报、审批、建设、验收等进行规定	2007年12月

续表

名称	主要内容	时间
《重庆市柑桔非疫区建设与管理办法》	非疫区建设主要包括建立疫情监测预警体系、疫情拦截控制体系、疫情应急扑灭体系和制定相关技术规范、管理制度等	2008年1月
《关于进一步加强农业综合开发柑橘基地建设的意见》	2008—2012年,在万州、云阳、忠县、奉节、开县、永川、江津、垫江、长寿、巫山等十个柑橘基地区县实施生态综合治理项目40万亩,建设标准化柑橘基地;柑橘品种结构早中晚熟品种比例调整为10:60:30,鲜食与加工比例调整为45:55	2008年2月
《关于进一步加强农业综合开发工作的意见》	支持渝东北地区建设三峡库区生态农业走廊,重点培植优质粮油、晚熟柑橘、特色蔬菜、草食牲畜、生态渔业、中药材、蚕桑等产业,积极构建优势特色产业示范带(区),帮助三峡库区打造中国柑橘"第一品牌"	2010年10月
《关于印发重庆市国民经济和社会发展第十二个五年规划农业和农村经济发展重点专项规划的通知》	以三峡库区为重点,新建标准化柑橘果园84万亩,改造老果园20万亩。 到2015年,全市柑橘基地面积达到300万亩,总产量达到300万吨,综合产值达到300亿元,橙汁加工能力达到150万吨,把重庆柑橘打造成中国柑橘第一品牌和全市第一优势特色产业,形成全国最大的橙汁加工基地、最大的晚熟柑橘基地、最大的种苗生产集散基地、最大的柑橘科技创新高地、最大的柑橘休闲旅游基地和全国第一个柑橘非疫区	2011年9月
《关于印发重庆市农业农村发展"十三五"规划的通知》	坚持鲜食与加工配套,新建与改建结合"的思路,打造"晚熟""橙汁"两大品牌。 以三峡库区为重点,建设万州、忠县、开州、云阳、奉节、巫山、渝北、长寿、涪陵、江津等十大柑橘产业基地,梁平、长寿、丰都、垫江四大名柚基地。 到2020年,全市柑橘基地面积达到330万亩(其中晚熟柑橘150万亩以上),橙汁加工能力达到100万吨以上,总产量达到330万	2016年10月

续表

名称	主要内容	时间
	吨，产业链综合产值达到300亿元，将我市建成中国最大的晚熟柑橘基地和橙汁加工基地	
《重庆市经济作物发展"十三五"规划（2016—2020年）》	到2020年，全市柑橘基地面积达到330万亩，新建30万亩，改造20万亩，总产量达到330万吨，橙汁加工能力达到100万吨，综合产值达到300亿元，培育年产值超亿元的柑橘龙头企业25家。把重庆柑橘打造成中国柑橘第一品牌和全市第一优势特色产业，形成"五个最大、一个第一"格局，即最大的晚熟柑橘基地、全国最大的橙汁加工基地、最大的柑橘科技创新高地、最大的种苗生产集散基地、最大的柑橘休闲旅游基地和全国第一个柑橘非疫区	2017年1月
《关于促进农产品加工业发展的实施意见》	渝东北地区重点发展柑橘、榨菜、草食牲畜、茶叶、中药材等加工	2018年12月

注：上表由作者根据涉及文件整理所得。

"十四五"时期，重庆高度重视以数字化赋能柑橘产业，《重庆市推进农业农村现代化"十四五"规划（2021—2025年）》《重庆市农业经济作物发展"十四五"规划（2021—2025年）》等重要规划文件中，出台大量关于柑橘产业数字化转型的规定和举措。

表4-2 2021年以来重庆数字化赋能柑橘产业政策的主要内容

名称	主要内容	时间
《关于印发重庆市推进农业农村现代化"十四五"规划（2021—2025年）的通知》	支持万州、忠县等区县做大柑橘网络交易平台，打造全国最大柑橘交易中心。 加快全国柑橘科技创新中心建设，建设全国柑橘电子交易中心。 智慧农业——装备智能化推广应用及示范，建设智慧果园40个。	2021年8月

续表

名称	主要内容	时间
	推进农机装备由传统制造向智能制造、由微型机械向中大型机械、由种植业向养殖业和农产品加工业转型升级，支持"5G+农机物联网"、果蔬采摘机器人、农业废弃物处理等领域技术装备创新，打造绿色智能新型农机装备研发制造基地。 完善农村物流基础设施末端网络，推进村级物流网点建设，创新冷链物流经营模式，打造从生产到消费全过程"不断链"的农产品智慧物流系统。 到2025年，全市柑橘种植面积达到380万亩、产量达到370万吨	
《重庆市农业经济作物发展"十四五"规划（2021—2025年）》	建设全国柑橘（柠檬）科技创新中心、柑橘生物安全研发中心和柑橘科技文化博物馆。 建立全市柑橘大数据中心。 攻关山地作业全程机械化、智慧化。 实施农产品产地交易市场智能升级工程，继续在重点优势区域建设产地交易市场100个，提高大数据技术在果品流通中的应用，全市建立田间智能批发市场20个，构建全市营销大数据库和溯源体系。 建设智能化田间批发市场和现代化冷链仓储物流体系，大力发展农村新型电子商务，差异化发展与经作产业配套的休闲农业与乡村旅游	2021年12月
《关于做好二〇二三年全面推进乡村振兴重点工作的实施意见》	实施千亿级优势特色产业培育行动：统筹推进国家级农业现代化示范区、现代农业产业园、农村产业融合发展示范园、优势特色产业集群等创建和市级农业园区建设，重点打造生态畜牧、火锅食材、粮油、预制菜、重庆小面、柑橘、中药材、榨菜、茶叶等优势特色产业集群，推动全环节升级、全链条增值……完善区县、乡镇、村电子商务和快递物流配送体系，推动农村客货邮融合发展。大力推进"数商兴农"和"互联网+"农产品出村进城工程，建设数字农业电商直播产业园和农副产品直播基地。加强绿色、有机和地理标志农产品认证管理，全面推行食用农产品承诺达标合格证制度，加快全产业链地方标准体系建设，持续打造"巴味渝珍""三峡柑橘"等区域公用品牌	2023年2月

注：上表由作者根据涉及文件整理所得。

2. 各主产地积极探索

（1）推动柑橘种植数字化转型

长寿区引入柑橘病虫害监测预警系统，利用互联网、大数据等技术对果园实施病虫害监测预警和专家远程指导治疗。开州区临江镇福德村打造3 700亩机械智能化示范基地，推动山地智慧柑橘农机农艺的发展。

（2）推动柑橘加工自动化

长寿区建立寿湖红橙智能分选中心，采用先进的分选设备和技术智能化检测果实的大小、色泽、糖分、水分，快速准确地对红橙实施自动化分选。通过分选淘汰劣质果，并将优质果再细分为优品果、精品果、尊品果，以满足市场差异化需求。忠县先后培育重庆派森百橙汁公司、重庆鲜果集橙汁公司两家NFC（not from concentrate，非浓缩还原）橙汁加工厂，并于2023年建立亚太地区最大的NFC鲜冷橙汁原料生产线，实现柑橘自动化清洗、分级、榨汁和消毒。

（3）以电商助力柑橘销售

奉节县依托电商推动脐橙销售，与阿里巴巴农村淘宝、聚划算、淘乡甜等合作，在电商平台加大产品销售和品牌推广，提升"奉节脐橙"国家地理标志产品的知名度。随着短视频、直播带货的兴起，奉节联合抖音等平台，拓展脐橙数字化营销模式，多渠道推动脐橙产销对接。

（三）典型个案剖析——忠县柑橘

忠县位于重庆市渝东北三峡库区城镇群，地处三峡库区腹心，面积2 187平方千米，辖4个街道、19个镇、6个乡、372个村（社区）。2023年年底全县常住人口69.78万人，其中乡村人口33.82万人。该县是长江中上游柑橘带核心主产区，柑橘种植可以追溯至2000多年前，素有"中国柑橘城"的美誉。1997年启动三峡柑橘产业化项目，成为我国30个柑橘种植主产县之一。近年来，忠县加大互联网、大数据等信息技术的应用，在推动柑橘产业转型升级方面效果显著。

1. 积极推动柑橘加工业发展和智能化转型

1997年，重庆市相关职能部门与美国施格兰有限公司签订援建备忘录，施格兰公司援助1 100万美元建设施格兰柑橘技术中心，实施施格兰·三峡柑橘产业化项目。忠县开始大规模推广哈姆林、特罗维塔、奥林达等适用于加工的柑橘品种。2004年，重庆派森百橙汁有限公司在忠县成立，是我国第一家NFC橙汁加工厂。派森百公司推出三峡库区第一个自主果汁品牌、中国第一个原榨橙汁品牌——派森百，派森百NFC橙汁获得ISO9001、SGS的HACCP体系认证，系列产品销往日本、瑞士等地。公司建设现代化柑橘皮渣利用加工厂，利用柑橘皮渣生产橙皮丁、畜牧饲料、精油等，提升产品附加值，推动柑橘皮渣无害化处理，实现零污染零排放。随着数字技术的广泛应用，该公司积极推进数字化转型，建立智能化无菌大罐冷链车间，推动橙汁由零下18度冷冻转变为零度冷藏，有效降低公司能耗成本，提升橙汁品质。

2. 建立全国柑橘交易中心——"柑橘网"

2017年，忠县建立"柑橘网"，是我国唯一的省部共建国家级柑橘产地市场的线上交易平台。"柑橘网"将全国柑橘产业链上的化肥、农药、种苗、农机等投入品经销商，以及柑橘企业、农民专业合作社、农民、柑橘经销商、加工企业、物流企业等纳入该平台，推进"管理+交易+金融"创新应用。仅2017年10月—2020年3月，就吸引全国41 126个柑橘产业链上的经销商及种植户加入该平台，为412万亩柑橘基地开展了农技服务，线上交易额累计突破21亿元（柑橘交易额15.5亿元，农资交易额5.5亿元），金融贷款累计放款1.38亿元。2021年，随着数字技术的持续发展和深入运用，忠县对"柑橘网"进行迭代升级，打造"数字化、平台化、智能化"的重庆三峡柑橘交易中心，利用在综合贸易、物流集散、价格、用户等方面已累积的数据优势和平台资源优势，建立全国柑橘产业诚信大数据及产业链供求信息平台、大宗现货及价格发现平台、全国性金融产品统一接入平台、政府服务统一接入平台等四大平台。

3. 打造柑橘数字化生产和文化旅游融合的国家级田园综合体

2008年，忠县成功举办重庆三峡库区（忠县）第一届柑橘节。中国果品流通协会授予忠县"中国柑橘城"称号。2009年，忠县提出"半城山水满城橘"的概念，融入"半城文化"、民俗文化、历史文化和市场文化，着力打造"三城两山一寨一祠"，建设"中国柑橘城""忠州半城""皇华城"、天池山和翠屏山、石宝寨和白公祠。2017年，推动三峡橘乡田园综合体项目落地。三峡橘乡田园综合体加大"智慧果园"建设，安装水肥一体化管网，举办第一届和第二届"忠橙"文化旅游节，开展三峡橘乡田园马拉松、三峡橘乡山地自行车赛、农民丰收节等活动，建设全国唯一以柑橘为主导产业的国家级田园综合体。

三、案例透视

（一）数字化赋能模式

重庆山区库区以数字化赋能，推进柑橘产业高质量发展。一是通过生产环节的种植数字化转型、加工环节的分选加工智能化发展、流通环节的电商物流助力产销对接，加快推动柑橘产业链高效化和绿色化，提升产业基础高级化水平。二是打造"柑橘网"，推动柑橘经营主体、数据、电商、金融于一体，集聚全国柑橘产业资源要素。三是利用数字技术、数字平台、数字融媒体等多种工具，提升地标知名度，加大农业功能拓展，实施以智慧农业和三产融合为核心的乡村产业发展模式，提升柑橘产业综合产值，助力农民持续增收（见图4-4）。

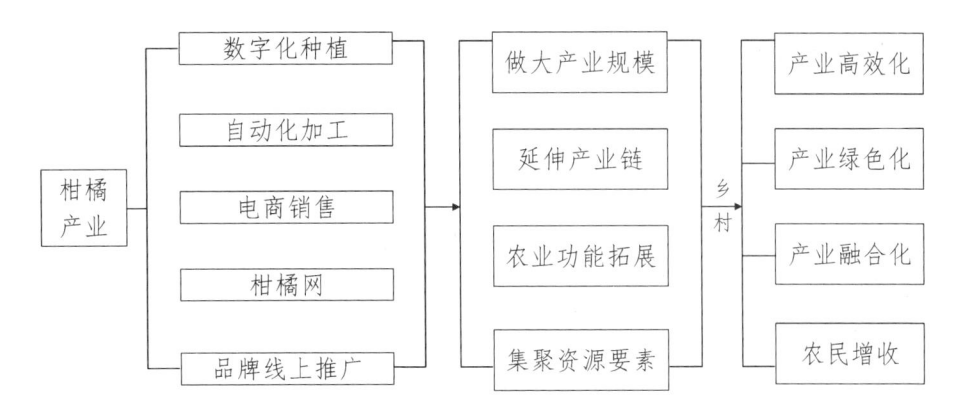

图 4-4　重庆山区库区数字化赋能柑橘产业发展的模式

注：上图由作者制作。

（二）需关注的问题

1. 适宜库区柑橘生产新技术新装备的研发应用不够

智慧果园虽有典型代表但推广应用不足，部分柑橘果园失管现象较为严重，柑橘种植绿色化转型不足，生产效益有待提高。同时，经营规模"过小"与"过大"现象并存，"过小"则种植户与大市场难以有效衔接，"过大"则果园经营者经营风险大。

2. 柑橘产业经营主体能力不足

主产区区县人口老龄化现象日趋严重，果农年龄普遍偏大，数字素养偏低，在柑橘产业数字化转型中难以较好掌握先进技术和适应新的管理要求。部分果农意识仍未转变，出现排斥数字技术、化肥农药减施技术与果农传统施肥用药观念冲突等现象，智能设备、化肥农药减施增效技术推广覆盖率有待提高。

3. 柑橘销售体系仍有待优化

柑橘种植户对市场行情掌握和预测不足，且不少散户仍高度依赖于传统销售渠道，坐等分销商上门收购，部分地区出现滞销现象。柑橘销售市场以次充好、地标侵权等乱象屡禁不止，不利于柑橘的可持续销售和品牌建设。

（三）重点突破方向

1. 以数字化赋能柑橘生产提质

基于农业物联网等现代信息技术的智慧柑橘果园，能有效克服农药和化肥的滥用、生产效率低等问题。要加快柑橘标准化示范基地建设，改造提升柑橘老果园，加大农业物联网基础设施建设，利用天空地遥感大数据、5G、物联网、云计算等相关技术，建立涵盖气象监控系统、温湿度和土壤 PH 值传感器设备、病虫害绿色防控体系、自动灌溉系统的综合应用平台，推进柑橘果园机械化生产，打造适应地区、利于推广的柑橘智慧果园。帮助果农、经营者、政府职能部门及时直观地掌握果园信息，推动柑橘生产管理的智能化、高效化。

2. 以数字化赋能柑橘精深加工

以数字技术助力柑橘精深加工技术的研发和应用，加大橙汁、陈皮、软糖、橘饼、橘醋、果酒、果胶、精油、手工皂、饲料等生产，以柑橘果肉、果皮、果渣的高效综合利用实现无皮渣废弃物，提高柑橘综合产值。

3. 以数字化赋能柑橘产销对接

推动电商直播基地建设，完善柑橘网销体系，强化柑橘产业与电商的深度融合，通过互联网对接供需解决柑橘销售问题，并一定程度实现优质柑橘的溢价。基于"柑橘网"已有的供给、需求、交易、价格等大数据基础，构建柑橘价格指数，加大柑橘产销和价格的分析和预测，强化对种植户的指导。

4. 以数字化赋能柑橘品牌建设

从数字化赋能品牌定位、品牌商誉、品牌特色与文化、品牌营销、品牌延伸、品牌保护等方面加强柑橘品牌建设与管理。将柑橘历史、三峡文化、地理环境、人物故事等融入"三峡柑橘"公用品牌以及奉节脐橙、忠县忠橙等地标的塑造，利用直播电商的强互动性和展示多维性加大品牌传播，增强消费者共鸣和品牌认可度，提升品牌影响力。

第二节　贵州黔东南州数字化赋能非遗传承和乡村发展

党的二十大报告指出，要坚持创造性转化、创新性发展，传承中华优秀传统文化，满足人民日益增长的精神文化需求，强调要"加大文物和文化遗产保护力度"。非物质文化遗产（下文简称"非遗"）是指那些群体和个人认为是其文化遗产的实践、表现、表达、知识和技能以及相关工具、物品和文化空间。非遗作为稀缺宝贵的文化资源，其传承和发展对于推动乡村全面振兴有着十分重要的现实意义。我国高度重视非遗的保护和发展。国务院于2006 年、2008 年、2011 年、2014 年和 2021 年先后五次发布国家级非遗项目。截至 2023 年年底，全国共有各级非遗代表性项目 10 万余项，其中国家级非遗代表性项目 1 557 项，列入联合国教科文组织人类非遗代表作名录（名册）项目 42 个，位居世界第一，覆盖了歌舞、传统戏剧、民俗、传统技艺等多个方面。文化和旅游部于 2007 年、2008 年、2009 年、2012 年、2018 年和 2024 年先后六次发布国家级非遗代表性传承人推荐人选名单。截至 2023 年年底，全国共有各级代表性传承人 9 万余名，其中国家级非遗代表性传承人 3 056 名。贵州省拥有丰富的民族文化和历史遗产，是我国的非遗大省，由文旅产业指数实验室推出的《2022 非物质文化遗产消费创新报告》显示，我国 31 个省（自治区、直辖市）的非遗产业影响力中贵州省列第 9 位。近年来，该省的黔东南苗族侗族自治州（简称"黔东南州"）在数字化赋能非遗发展方面表现突出，因此本研究选择将黔东南州作为案例地开展分析。

一、案例地概况

贵州省位于我国西部地区、云贵高原东部，东毗湖南、南邻广西、西连云南、北接四川和重庆，总面积近 17.62 万平方千米，下辖贵阳市、六盘水市、遵义市、安顺市、铜仁市、毕节市 6 个地级市和黔西南布依族苗族自治州、黔东南苗族侗族自治州、黔南布依族苗族自治州3个自治州。2023年全省常住人口为3 865万人，其中乡村常住人口为1 702.92万人。贵州省境内地势西高东低，自中部向北、东、南三面倾斜，山脉众多，重峦叠嶂，北部有大娄山，自西向东北斜贯北境，川渝黔要隘娄山关高1 444米；中南部苗岭横亘，主峰雷公山高2 178米；东北境有武陵山，由湘蜿蜒入黔，主峰梵净山高2 572米；西部高耸乌蒙山，属此山脉的赫章县珠市乡韭菜坪海拔2 900.6米，为贵州境内最高点。全省山地（丘陵）面积达92.5%，喀斯特（出露）面积达61.9%，素被称为"八山一水一分田"。贵州省共有民族56个，其中世居民族有汉族、苗族、布依族、侗族、土家族、彝族、仡佬族、水族、回族、白族、瑶族、壮族、畲族、毛南族、满族、蒙古族、仫佬族、羌族等。多民族共居缔造丰富的文化遗产，侗族大歌、石阡说春和都匀毛尖茶制作技艺3项被列入人类非物质文化遗产代表作名录，拥有国家级非遗代表性项目99项159处、省级非遗代表性项目628项1 025处。此外，贵州拥有世界文化遗产1处（海龙囤土司遗址）、国家历史文化名城2个（遵义、镇远）、全国重点文物保护单位81处、省级文物保护单位654处；中国传统村落757个、中国和省级少数民族特色村寨1 640个。

多民族聚集地区民族间往来和交流促进了文化的借鉴与吸收，利于形成高密度的非遗聚集区。应奎等学者（2021）通过对贵州省国家级非遗空间分布特征进行测算，指出黔东南州是贵州省的高密度非遗聚集区。2023年年初，由文化和旅游部、人力资源社会保障部、国家乡村振兴局公布的"非遗工坊典型案例"中，黔东南州有4家入选，占全省的4/5。

黔东南州位于贵州省东南部，是一个以苗族和侗族为主的多民族聚居区。下辖凯里市及丹寨、麻江、黄平、施秉、镇远、岑巩、三穗、天柱、锦屏、黎平、从江、榕江、雷山、台江、剑河15个县，共有60个乡（其中民族乡17个）、129个镇、28个街道、2 154个村、282个居委会。2023年年底，全州常住人口375.73万人，年末户籍人口489.93万人，其中乡村人口324.5万人、少数民族402.33万人（苗族人口占53.17%，侗族人口占37.25%）。黔东南州是国家级民族文化生态保护区，被誉为歌舞之州、森林之州、神奇之州、百节之乡、民间文化艺术之乡、苗族侗族文化遗产保留核心地、民族文化生态博物馆，被联合国教科文组织列入世界十大"返璞归真、回归自然"旅游目的首选地之一。黔东南州为加快推进乡村振兴，以文化资源禀赋为基础，积极探索数字化赋能文化传承，将电商、新媒体等作为推动地方文化传播与经济发展的重要载体，推动文创产品销往全国各地，村民文化自信自强底气不断增强。

二、案例分析

（一）黔东南州非遗基本情况

黔东南州民族文化丰富，拥有人类非遗代表作名录 1 项 3 处（侗族大歌），国家级非遗 56 项 78 处，位居全国同级地州市前列；省级非遗 218 项 307 处，居全省第一；州级非遗 329 项 417 处，县（市）级非遗 1 590 项。全州每年有各类民族节日 390 余个，其中万人以上的节日有 120 多个。州内有全国重点文物保护单位 20 处、省级 99 处、州级 54 处、县级 867 处，国家文物局备案博物馆 41 家，10 个苗族村寨和 12 个侗族村寨列入"中国世界文化遗产预备名单"。拥有国家历史文化名城 1 个、名镇 2 个、名村 7 个，中国民间文化艺术之乡 1 个，中国传统村落 415 个，中国少数民族特色村寨 126 个（见表 4-3）。

表 4-3 黔东南州国家级非遗基本情况

地区	项目类别	项目名称	申报成功时间	地区	项目类别	项目名称	申报成功时间
丹寨县	传统技艺	苗族蜡染技艺	2006 年	黎平县	民俗	侗族萨玛节	2008 年
丹寨县	传统舞蹈	苗族芦笙舞（锦鸡舞）	2006 年	麻江县	传统技艺	枫香印染技艺	2008 年
丹寨县	传统技艺	皮纸制作技艺	2006 年	麻江县	传统技艺	苗族织锦技艺	2008 年

续表

地区	项目类别	项目名称	申报成功时间	地区	项目类别	项目名称	申报成功时间
黄平县	民间文学	苗族古歌	2006年	榕江县	传统音乐	侗族大歌	2008年
剑河县	传统美术	苗绣（剑河苗绣）	2006年	榕江县	民俗	苗族服饰	2008年
雷山县	传统美术	苗绣（雷山苗绣）	2006年	榕江县	传统舞蹈	苗族芦笙舞	2008年
雷山县	传统技艺	苗寨吊脚楼营造技艺	2006年	榕江县	民间文学	珠郎娘美	2008年
雷山县	民俗	苗族鼓藏节	2006年	台江县	传统音乐	多声部民歌（苗族多声部民歌）	2008年
雷山县	传统技艺	苗族芦笙制作技艺	2006年	台江县	民俗	苗族独木龙舟节	2008年
雷山县	传统技艺	苗族银饰锻制技艺	2006年	台江县	民俗	苗族服饰	2008年
黎平县	传统戏剧	侗戏	2006年	州民族文化研究所	民间文学	苗族贾理	2008年
黎平县	传统音乐	侗族大歌	2006年	州民族文化研究所	民间文学	仰阿莎	2008年
黎平县	传统音乐	侗族琵琶歌	2006年	州民族医药研究院	传统医药	侗医药（过路黄药制作工艺）	2008年
榕江县	传统音乐	侗族琵琶歌	2006年	州民族医药研究院	传统医药	苗医药（九节茶药制作工艺）	2008年
榕江县	民俗	侗族萨玛节	2006年	从江县	传统音乐	侗族琵琶歌	2011年

续表

地区	项目类别	项目名称	申报成功时间	地区	项目类别	项目名称	申报成功时间
施秉县	民间文学	刻道	2006年	黄平县	传统技艺	蜡染技艺（黄平蜡染技艺）	2011年
台江县	传统舞蹈	木鼓舞（反排苗族木鼓舞）	2006年	剑河县	传统音乐	苗族民歌（苗族飞歌）	2011年
台江县	民间文学	苗族古歌	2006年	剑河县	传统技艺	银饰锻制技艺（苗族银饰锻制技艺）	2011年
台江县	民俗	苗族姊妹节	2006年	锦屏县	传统美术	侗族刺绣	2011年
从江县	传统音乐	侗族大歌	2008年	凯里市	传统技艺	苗族织锦技艺	2011年
从江县	传统技艺	侗族木构建筑营造技艺	2008年	凯里市	传统技艺	民族乐器制作技艺（苗族芦笙制作技艺）	2011年
从江县	传统医药	瑶族医药（药浴疗法）	2008年	黎平县	民俗	月也	2011年
从江县	民间文学	珠郎娘美	2008年	榕江县	民俗	侗年	2011年
丹寨县	传统音乐	芦笙音乐（苗族芒筒芦笙）	2008年	榕江县	民俗	苗族栽岩习俗	2011年
丹寨县	民俗	苗年	2008年	台江县	传统美术	苗绣	2011年
丹寨县	民俗	苗族服饰	2008年	台江县	传统技艺	苗族织锦技艺	2011年
黄平县	传统美术	泥塑（苗族泥哨）	2008年	台江县	传统技艺	银饰锻制技艺（苗族银饰锻制技艺）	2011年

续表

地区	项目类别	项目名称	申报成功时间	地区	项目类别	项目名称	申报成功时间
黄平县	传统技艺	银饰制作技艺（苗族银饰制作技艺）	2008年	天柱县	民俗	歌会（四十八寨歌节）	2011年
剑河县	传统音乐	多声部民歌（苗族多声部民歌）	2008年	镇远县	传统体育、游艺与杂技	赛龙舟	2011年
剑河县	传统美术	剪纸（苗族剪纸）	2008年	黎平县	民俗	规约习俗（侗族款约）	2014年
剑河县	民俗	苗族服饰	2008年	榕江县	民俗	苗族鼓藏节	2014年
凯里市	传统美术	苗绣	2008年	镇远县	民俗	三月三（报京三月三）	2014年
雷山县	民俗	苗年	2008年	州非遗中心	民俗	侗族服饰	2014年
雷山县	传统医药	苗医药（骨伤蛇伤疗法）	2008年	州非遗中心	传统舞蹈	苗族古瓢舞	2021年
雷山县	传统舞蹈	苗族芦笙舞	2008年	凯里市	传统技艺	凯里酸汤鱼制作技艺	2021年
雷山县	传统音乐	苗族民歌（苗族飞歌）	2008年	州非遗中心	曲艺	嘎百福	2021年
雷山县	传统技艺	苗族织锦技艺	2008年	岑巩县	传统技艺	砚台制作技艺（思州石砚制作技艺）	2021年
雷山县	传统舞蹈	铜鼓舞（雷山苗族铜鼓舞）	2008年	麻江县	传统医药	苗医药（骨髓骨伤药膏）	2021年
黎平县	传统技艺	侗族木构建筑营造技艺	2008年	台江县	民俗	台江苗族舞龙嘘花习俗	2021年

注：上表根据国务院公布的第一、二、三、四批国家级非物质文化遗产代表性项目名录整理所得。

（二）主要举措及成效

1. 加大政策支持和引导

黔东南州通过了《黔东南苗族侗族自治州民族文化村寨保护条例》，从保护规划、保护措施、发展促进、法律责任等方面对民族文化村寨保护进行规定。出台《黔东南州州级非物质文化遗产项目代表性传承人认定与管理办法》《关于进一步加强全州非物质文化遗产保护与传承工作的实施意见》等系列文件，促进本地区非遗的保护和发展。其中，提出加快建设全州非遗大数据、黔东南民族文化生态保护实验区数据库等（见表4-4）。

表4-4 黔东南州非遗政策主要内容

名称	主要内容	时间
《黔东南州州级非物质文化遗产项目代表性传承人认定与管理办法》	明确"代表性传承人"是指经黔东南州文化行政主管部门认定的，承担黔东南州非物质文化遗产名录项目传承保护责任，具有公认的代表性、权威性与影响力的黔东南州籍传承人。对代表性传承人的申报条件、认定程序、评定时间和名额及待遇、权利与义务、管理、法律责任等进行规定	2015年12月
《关于进一步加强全州非物质文化遗产保护与传承工作的实施意见》	将建设非遗大数据作为重点工作之一。一是建立非物质文化遗产数据库。由州文化局牵头，民宗、史志、文联、社科联等部门配合对全州民族民间文化资源进行普查，全面摸底非遗资源，进一步挖掘非遗项目线索，总结保护现状、问题，研究提出保护传承对策。编制黔东南州非物质文化遗产项目名录，对各级各类非遗传承人进行登记，建立非遗传承人档案资料，形成数据库，为申报省级、国家级非遗项目及传承人名录作好充分准备，有利于申报人类非物质文化遗产。二是抓紧抢救保护濒危项目。相关县市要抓紧对苗族古歌、嘎百福、迁徙歌，侗族的行歌坐月、月也（耶）以及一些民俗等濒临灭绝项目做好非遗数字化录制工作。三是发展非遗精品数据产业。文化、文产等部门要深度挖掘民族文化，整合非遗资源，加强利用民间文学创意策划电影、电视剧、动漫等精品剧目，强化民族文化元素符号内涵，推动非遗项目品牌化，扩大非遗影响力，提升非遗衍生产品附加值，助推非遗产业发展	2016年10月

续表

名称	主要内容	时间
《黔东南州州级非物质文化遗产项目代表性传承人群认定与管理办法（试行）》	明确"代表性传承人群"是指经黔东南州文化行政主管部门认定的，承担黔东南州州级以上非物质文化遗产名录的群体性项目的传承保护责任，在项目分布区域内或一定领域上获得公认的参与度高、互动性强、传承性好、保护性强并具有一定代表性、示范性、影响力的黔东南州内群体。对代表性传承人群的申报条件、认定程序、评定时间和名额及待遇、权利与义务、管理等进行规定	2017年6月
《黔东南民族文化生态保护实验区数据库建设管理办法（试行）》	提出将数字信息技术主要应用于民族文化生态保护实验区非物质文化遗产的抢救和保护，借助数字摄影、三维信息获取、虚拟现实、多媒体与宽带网络技术等建立以计算机网络为基础的综合型数字系统	2021年11月
《黔东南民族文化生态保护实验区非物质文化遗产保护利用设施管理办法（试行）》	规范黔东南民族文化生态保护实验区非物质文化遗产保护利用设施的管理	2021年11月
《黔东南民族文化生态保护实验区非物质文化遗产调查办法（试行）》	对运用文字、录音、照片、录像、数字化、多媒体等方式，对非物质文化遗产进行真实、系统和全面的记录等进行规定	2021年11月
《黔东南民族文化生态保护实验区非物质文化遗产跟踪调查办法（试行）》	对采用定期或不定期的随访和观测方式，对非物质文化遗产代表性项目的保护、传承、发展现状和变迁方向进行准确、客观、多层面、多角度的评估等进行规定	2021年11月

续表

名称	主要内容	时间
《黔东南民族文化生态保护实验区专家咨询管理办法（试行）》	对入选实验区专家库的申报条件、职责、权利和义务、管理与退出等进行规定	2021年11月
《黔东南民族文化生态保护实验区理论研究成果出版办法（试行）》	指出出版工作的成果和产品是积累文化的重要工具，是传播思想、知识、信息的重要媒介。出版成果内容不得抄袭、伪造。要求资料翔实、内容新颖、观点正确、评述得当、论证系统、结构规范、语言顺畅、通俗易懂，符合写作规范，具有科学性、学术性和原创性。出版成果在内容、形式和模式上应当多元化	2021年11月

注：上表由作者根据涉及文件整理所得。

2. 推进非遗记录和数字化展示

黔东南州制定非遗名录体系，对非遗项目和传承人的认定，形成了一套较为系统的保护体系。积极推进非遗项目和主要传承人的记录，截至2023年5月，黔东南州开展了侗族大歌、苗族古歌、侗族服饰等33个项目和15名国家级传承人记录工作、侗族传统纹样采集工作、40个濒危项目的传承人抢救性记录工作。建设黔东南州非遗数字展示体验馆，通过图片、文字、视频、音频多维展示非遗，让观众更直观、互动式地了解和体验非遗文化。

3. 推进苗族银饰服饰电商销售

黔东南州作为我国苗族人口较为集中的地区，苗族传统银饰服饰以其独特的民族风格和精湛的工艺闻名，成为该地区非物质文化遗产的重要组成部分。该州积极引导和支持苗族银饰服饰触网销售，依托快手、抖音、淘宝、天猫等平台以及跨境电商拓宽产品市场，在提升当地居民收入的同时，也提升了苗族银饰服饰的知名度，传播苗族特色文化。如贵州印象苗族银饰刺绣有限公司成立于2010年，产品以银饰工艺品为主，共有民间各类传承人5

人、专业匠人62人。为拓展产品销售渠道，该公司成立电商部门专业化运营快手、抖音、淘宝等平台的直播，公司七成左右的销量均来自电商平台引流，平均每天有400多单快递发往北京、上海、广东、湖南、山西等地，2023年成功入选《2023贵州网销优品名录》非遗文创类。凯里市苗艺传说银饰工作室是入驻淘宝平台的7年老店，主营的苗族服装和银饰深受消费者的喜爱，2024年3月，店铺处于淘宝神店榜东方古韵簪花店铺榜榜首位置，拥有的粉丝超过13 000人，让更多的人关注苗族银饰服饰，同时通过线下供货加工、线上销售带动当地居民就业增收。

4. 利用数字媒体推动侗族文化传播

黔东南州拥有历史悠久的侗族文化，侗族大歌、侗族建筑、侗族节庆等极富特色。其中流行于贵州省黎平县、从江县、榕江县等侗族聚居区的侗族大歌，侗语称"嘎老"，指侗族人相互搭档配合创造的多声部、无伴奏的和声，是侗族民间一种极富特色的民歌演唱形式，2009年被联合国教科文组织列入人类非遗代表作名录。这些地区充分利用数字媒体、直播电商等宣传传统侗族文化。如2020年年底，黔东南州组织相关侗寨通过线上线下同步展示鼓楼对歌、蓝靛染布技艺、民族舞蹈等表演，同时开展网络直播带货，让观众和消费者看到独特的侗族服饰和舞蹈，听到天籁般的侗族大歌并品尝到侗族特色美食，为侗寨村民带来商机。2023年年底，贵州卫视自制非遗文化创演轻综艺《非遗正青春》之"山林间的天籁之声——侗族大歌"通过贵州卫视、腾讯视频、Bilibili联合播出和人民日报客户端、抖音App同步直播，引起热烈反响。该节目相关话题网络传播量破2亿次、主话题抖音播放量超1 500万次，借力数字媒体平台有效提升了传统文化宣传效果。

5. 推动网红"村BA""村超"+非遗发展

每年农历六月初六是台江县台盘村庆祝丰收的"吃新节"，篮球比赛作为过节的传统节目，已有几十年历史。2022年台盘村篮球赛经短视频传播后迅速走红。2023年台江县"村BA"、榕江县"村超"在网络上火爆出圈，全网浏览量超过400亿次。黔东南州借助"村BA""村超"带来的巨大流量，积极推动非遗发展。一是在"村BA""村超"现场，展示侗族大歌、苗家舞蹈、侗族苗族服装饰品等非遗文化，推动260多个非遗精品节目向来自全国各地的观众展示。二是打造"村BA"文创体验店、"村BA"主题文创餐厅、"深山非遗集市"项目等，将游客的吃住行游购娱与本地非遗紧密结合。三是支持本地区50多家非遗工坊、企业和农民专业合作社融入"村BA""村超"元素，积极开发"村宝宝""66篮球服""村超牛"等银饰、刺绣、蜡染系列文创产品，丰富非遗文创产品供给，销售非遗文创系列产品超过2000万元。

6. 策划举办直播电商+"乡村超级碗"

黔东南州文体广电旅游局在2023年10—11月举办大型村歌竞演活动"乡村超级碗"，黎平县、从江县、榕江县等地派出参赛队伍。该州与快手公司合作开展短视频制作和网络直播，带观众云游苗寨侗寨，展示侗歌、芦笙舞等民族舞蹈、民族乐器等文化，仅10月14日举办的首场"村碗晋级赛"，线上直播观看人数就超过3000万。流量效应下，全国各地游客进入大山深处的苗寨侗寨，观看"乡村超级碗"，深度感受非遗文化。同时，引发部分音乐人、文创工作者对侗歌等非遗的高度关注，他们积极与当地非遗传承人合作推动非遗的传承和创新发展。

7. 以数字化赋能培育发展非遗传承人

黔东南州通过电商、新媒体的发展，吸引、培育和发展非遗传承人。如1997年出生的潘雪来自凯里市下司镇淑里村，是苗族银饰锻制技艺市级非遗传承人，但由于线下市场受区域限制，她所经营的苗族银饰店濒临倒闭。2020年起，潘雪改变传统销售模式，创新发展"非遗+电商"，通过电商平台宣传和销售苗族银饰，在快手、抖音等平台注册"苗家雪儿""银匠雪儿·山呷呷"视频账号，播放苗族银饰非遗技艺相关故事、销售苗族银饰品，截至2024年3月，其粉丝数量达到103万人左右，制作的短视频《银勺》获人民日报"我爱中国风"全球短视频大赛优秀奖。同时，潘雪带领团队在下司镇建立非遗展示和直播创业基地，为游客提供非遗体验服务，并为创业青年免费进行直播培训指导。1990年出生的张国丹来自黎平县永从镇三龙侗寨，大学毕业后在广州工作，后因对侗族文化的热爱和家乡农村电商发展带来的机遇，他选择回乡创业。2017年，张国丹和朋友尝试拍摄侗族歌演短视频；2018年，他在抖音、西瓜短视频等平台注册账号；2021年，他成立贵州三牯科技有限公司。张国丹身着民族服装直播，邀请村民出镜，通过直播、短视频展示侗族风俗和生活场景，销售当地农特产品，几年来在宣传非遗文化方面取得显著成绩，2019年入围"最具人气乡村文化创作者"金稻穗奖，2020年获黔东南州网红助农PK[①]大赛第1名，2021年获贵州省首届全民抖音创作大赛二等奖。

（三）典型个案剖析——丹寨苗族蜡染

丹寨县位于黔东南州西部，面积940平方千米，辖4个镇、2个乡、1个街道、1个省级经济开发区、1个省级农业园区，是一个以苗族为主的多民族聚居县。2023年年底全县常住人口13.71万人，少数民族人口占比约90%，乡村人口占比约48%。该县拥有苗族蜡染技艺、苗族贾理、锦鸡舞、古法造纸等非物质文化遗产，有17个国家级传统村落、15个中国少数民族特色村寨，有苗族文化活态博物馆的美誉。其中苗族蜡染技艺是古老的民间传统印花工艺，历史可追溯到唐代，工艺流程包括布料制作、蜡液制作、蓝靛制作、画蜡、浸染、脱蜡、缝合等10多道工艺，2006年入选我国第一批国家级非物质文化遗产代表性项目名录。近年来，丹寨县积极探索数字化赋能苗族蜡染技艺的发展，并取得显著成效。

一是贵州省自建省级电商平台公司联合华为云公司打造苗族蜡染技艺直播数字人。贵州电子商务云运营有限责任公司是贵州省于2014年成立的自建省级区域性电商平台公司。丹寨县积极引入该公司，建立县级直播基地，推动苗族蜡染技艺的直播带货发展。但因村民普通话不流畅、面对镜头心理紧张等，直播效果并不好。为解决发展困境，该公司联合华为云计算技术有限公司，利用AI技术打造数字人主播助手，辅助村民进行直播讲解。通过专业准确地介绍蜡染工艺、蜡染故事，有效助力村民直播带货。

---

① "PK"源自电子游戏中的玩家"击杀"，现多用于指娱乐、体育中的"竞争、对决"。

二是丹寨宁航蜡染有限公司非遗工坊利用全国性大型综合电商平台扩大苗族蜡染影响力。2009年成立的贵州丹寨宁航蜡染有限公司一直致力于苗族民间蜡染及相关工艺品的生产和研发，开发出了亚麻床上用品、台布、窗帘、装饰挂件、围巾、裙子、旗袍、手帕、布包等40余款蜡染系列产品。2019年依托国家级非遗代表性项目苗族蜡染技艺设立非遗工坊。苗族蜡染技术虽被选入国家级非遗名录，却因村寨封闭而不被外界知晓。在农村电商迅速崛起的大背景下，丹寨宁航蜡染有限公司非遗工坊充分利用淘宝网、唯品会等大型电商平台提升苗族蜡染的影响力。丹寨宁航蜡染有限公司非遗工坊入驻淘宝网，开设"宁航蜡染"淘宝店，2021年参加淘宝造物节，以非遗技艺传承和女性独立精神风貌展现为核心，获得"天下第一造"的称号。2022年该工坊入驻唯品会"唯爱工坊"特色电商公益平台助力产品传播推广，2023年接到来自唯品会的500万元的订单，以线上销售带动村民增收。同时，丹寨宁航蜡染有限公司非遗工坊以"一群人 一件事 一辈子"为企业文化，推动苗族妇女加入蜡染技艺的学习和制作。该工坊开设苗族蜡染技艺非遗传承人群培训班，组织非遗传承人走进高校现场教学传授苗族蜡染技艺，在推动苗族蜡染技艺传播和传承方面作出贡献，于2022年成功入选由文化和旅游部、人力资源和社会保障部、国家乡村振兴局共同组织评选的"非遗工坊典型案例"。

三是依托电商直播基地培育本地直播人才，助力蜡染文化传播和工艺品销售。丹寨县直播基地与贵州商学院合作，开设自媒体账号规划、视频拍摄与剪辑、专业直播设备实操、农特产品直播推广营销等课程，对有需要的村民进行直播知识和技能的系统化传授，部分苗民更成为职业化电商主播，在苗族蜡染历史文化的传播和苗族蜡染产品的销售中发挥出重要作用。

三、案例透视

（一）数字化赋能模式

黔东南州的侗族大歌、苗族银饰服饰工艺、传统舞蹈、民族节日是我国非遗中的瑰宝，但伴随社会变迁和生活节奏的加速，传统文化传承面临诸多挑战。黔东南州加大数字化赋能，推动非遗保护和产品销售，从而实现村民文化自信和收入增长，促进乡村地区优秀传统文化的传承和发展。一是利用数字技术推动非遗资料的保存和展示体验。二是通过淘宝网等电商平台搭建销售渠道，让国内外消费者了解苗族侗族特色文化，同时也利用数字经济带来的创业机遇和广阔前景，构建一种文化公益展示与银饰服饰售卖收入、直播收入等有机结合的新型可持续文化传承方式。三是推动"网红项目+非遗"的发展，借助网红流量迅速推广非遗，并通过快手等直播电商平台、腾讯视频等在线视频媒体平台，进一步扩大传统歌舞、传统体育赛事等的传播。

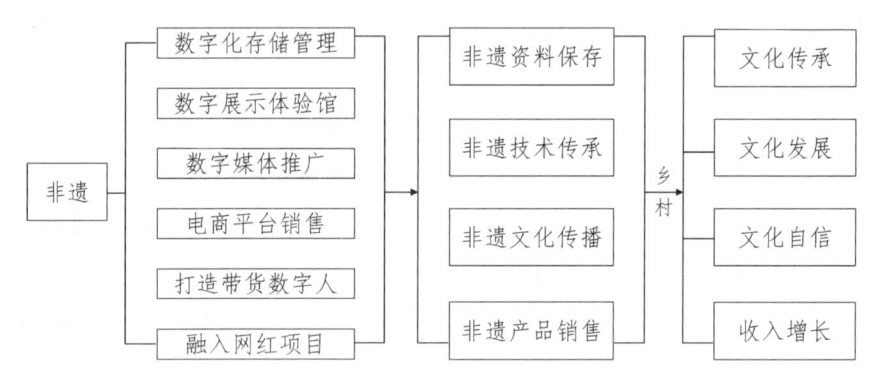

图 4-5　黔东南州数字化赋能非遗传承和乡村发展的模式

注：上图由作者制作。

（二）需关注的问题

一是据抖音发布的《2023 非遗数据报告》，抖音技艺类非遗播放量增长前十名分别为赫哲族鱼皮制作技艺、印泥制作技艺、安岳石刻、南京金箔锻制技艺、徽墨制作技艺、龚扇技艺、厦门漆线雕技艺、金镶玉制作技艺、打铁花、鱘埔女习俗之簪花围；抖音非遗产业带全国销量前五名分别为福建南平茶产业带、广西梧州茶产业带、江苏苏州玉雕产业带、广东揭阳玉器产业带、江西景德镇瓷器产业带，黔东南州非遗未入榜。在数字化时代，黔东南州在用数字化思维、数字技术创新发展非遗产业、推动地方特色文化传承和发展方面有待进一步加强。

二是非遗的传承多依赖于个人技能和口头传授，且需要长期的专注学习。在现代生活节奏加快的背景下，青少年对传统文化的兴趣减少，传统文化活动参与度下降，像潘雪、张国丹等大学毕业后返回家乡投入非遗领域事业的并不多，致使非遗项目主要传承人以年龄超过 50 岁的为主。这些传统老工匠、老手艺人对新技术的接受和学习仍存在困难。

三是当前黔东南州乡村地区数字化赋能非遗主要表现于通过电商、新媒体等扩大非遗的知名度、文创产品的销售以及线下游客的引流，对于数字化助力乡村地区非遗及其他特色文化的专业存储管理和研究仍有待加强。由于技术复杂、技术设备及运营费用高、村民专业知识的欠缺，影响了偏远山区数字化赋能非遗的可达性和有效性。此外，由于数字化处理可能改变非遗的传承方式、表达形式等本质属性，同时数字化的非遗内容在传播中面临知识产权保护的挑战，这些成为数字化赋能非遗过程中的难点。

（三）重点突破方向

1. 建立数字化非遗档案库

充分利用虚拟现实（VR）、增强现实（AR）、云计算等技术，对黔东南州侗族大歌、侗族琵琶歌、银饰制作技艺、苗族蜡染技艺、苗绣、吊脚楼营造技艺、芦笙音乐、苗医药等非遗信息进行归集、整理、分类、存储和检索，如对已存原始影像进行妥善修复和保存、利用高精度3D扫描技术扫描实物、利用高质量音频设备录制音乐等，从而建立起数字化的非遗档案库。在建库过程中需建立数据存储标准化体系，构建常态化的数据录入机制，建立数字化索引，保障非遗档案库的完整性。

2. 加大技术教育和培训

黔东南州文体广电旅游局、相关文化团体定期组织非遗企业、工坊和农民专业合作社进行以非遗为主题的文化交流和数字化技能培训，助力提升非遗传承人和相关领域工作者的专业技能和数字素养，加快培育具有核心竞争力和影响力的非遗市场主体。针对中小学、高校和科研机构、从业者等分类开发非遗远程教育课程，通过非遗进校园推动优秀传统文化在当地小学生心中生根发芽，同时依托持续性专业性的教育培训项目，培养更多优秀非遗人才。

3. 利用数字技术推广非遗

持续利用电商平台、社交媒体的广泛覆盖性和影响力传播非遗，通过制作优质的视频、图文故事、直播活动，增进公众对非遗的认识，激发他们的兴趣。在已有的推广度较高的综合性平台如党建学习平台，嵌入非遗专题板块，利用数字技术增强用户的体验感，如通过 VR 体验制作传统工艺品的过程或参与一场传统舞蹈的表演，向大众推广非遗。

4. 加大非遗知识产权保护

黔东南州在非遗的宣传过程中，要高度重视和保持文化的原汁原味，注重体现深层文化价值，避免过度商业化而丧失原真性。在推动非遗数字化转化、网络传播、文创产品生产时，要将非遗知识产权保护放在首位，严格遵守相关版权法律法规，尊重非遗传承人、作品原创者、相关权利人的意愿，保护其合法权益。

第三节　云南楚雄州数字化赋能乡村治理

乡村治理是实施乡村振兴战略的重点，也是国家治理的重要内容。2019年6月，中共中央办公厅、国务院办公厅印发《关于加强和改进乡村治理的指导意见》，明确到2035年，要实现"乡村公共服务、公共管理、公共安全保障水平显著提高，党组织领导的自治、法治、德治相结合的乡村治理体系更加完善，乡村社会治理有效、充满活力、和谐有序，乡村治理体系和治理能力基本实现现代化"的目标。2021年4月，《中共中央　国务院关于加强基层治理体系和治理能力现代化建设的意见》指出基层治理是国家治理的基石，统筹推进乡镇（街道）和城乡社区治理，是实现国家治理体系和治理能力现代化的基础工程。乡村振兴强农富民目标的实现是以有效的乡村治理为前提。

乡村治理内涵丰富，涉及基层党组织建设、村民自治、法治建设、乡风文明、平安乡村等诸多内容，其通过合理的政策制定、资源配置和社区参与等手段，提升乡村治理效率和居民的生活水平。云南省是多民族聚居省份，乡村人口比重处于全国第二。近年来，该省的楚雄彝族自治州（简称"楚雄州"）在数字化赋能乡村治理方面表现突出，因此本研究选择将楚雄州作为案例地开展分析。

一、案例地概况

云南省位于我国西南边陲，东部与贵州省、广西壮族自治区相邻，北部以金沙江为界与四川省隔江相望，西北部紧依西藏自治区，西部与缅甸接壤，南部和老挝、越南毗邻，总面积39.41万平方千米，辖昆明市、曲靖市、玉溪市、保山市、昭通市、丽江市、普洱市、临沧市等8个地级市和楚雄彝族自治州、红河哈尼族彝族自治州、文山壮族苗族自治州、西双版纳傣族自治州、大理白族自治州、德宏傣族景颇族自治州、怒江傈僳族自治州、迪庆藏族自治州等8个自治州。2023年年末全省常住人口为4 673万人，其中乡村常住人口为2 200万人，占比约47%。云南省境内地势呈现西北高、东南低，自北向南呈阶梯状逐级下降，北部是青藏高原南延部分，有高黎贡山、怒山、云岭等巨大山系和怒江、澜沧江、金沙江等大河自北向南相间排列，三江并流，高山峡谷相间，地势险峻；南部为横断山脉，主要有哀牢山、无量山、邦马山等，地势向南和西南缓降，河谷逐渐宽广；在南部、西南部边境，地势渐趋和缓，山势较矮、宽谷盆地较多。全省山地面积34.93万平方千米，占总面积的88.6%；丘陵面积1.95万平方千米，占总面积的4.9%。云南省是我国世居少数民族最多、跨境民族最多、特有民族最多、人口较少民族最多、自治地方及实行民族区域自治的民族最多的省份，有25个世居少数民族，其中哈尼族、白族、傣族、傈僳族、拉祜族、佤族、纳西族、景颇族、布朗族、普米族、阿昌族、怒族、基诺族、德昂族、独龙族15个少数民族，80%以上的人口分布在云南，为特有少数民族。云南省大力推动乡村治理，加强乡村治理体系建设，创新乡村治理方式，涌现出一批典型案例，其中楚雄彝族自治州乡村治理成效突出。

楚雄州位于云南省中部，山地面积占比超过90%，辖楚雄市、禄丰市、双柏县、牟定县、南华县、姚安县、大姚县、永仁县、元谋县、武定县等8县2市，共有38个乡（其中民族乡4个）、65个镇、1106个村民委员会和社区居民委员会。2023年年末，全州常住人口234.2万人，其中乡村人口121.9万人、占比约52%。楚雄州坚持把建设数字乡村作为推动乡村振兴的重要途径，在数字化赋能乡村治理中作出一系列探索，2020年被列为第一批全国市域社会治理现代化试点地区。该州的楚雄市于2020年10月获首批国家数字乡村试点，元谋县2022年9月列入云南省首批数字乡村试点。

二、案例分析

（一）楚雄州乡村建设和治理基本情况

教育方面，楚雄州小学在校生从2011年的199761人下降至2023年的153554人，专任教师从12838人下降至10810人，师生比从2011年的1∶15.6降至2023年的1∶14.2。普通中学在校生从2011年的141175人下降至2023年的126083人，专任教师从9697人增长至10100人，师生比从1∶14.6下降至1∶12.5。中小学师生比均有所改善，每位教师负责的学生人数减少，其中小学教师资源逐渐减少，中学教师资源逐渐增加（见表4-5）。

表4-5 楚雄州中小学师生比

年份	小学在校生（人）	小学专任教师（人）	小学师生比	普通中学在校生（人）	普通中学专任教师（人）	普通中学师生比
2011	199 761	12 838	1∶15.6	141 175	9 697	1∶14.6
2012	192 537	12 709	1∶15.1	141 927	9 701	1∶14.6
2013	183 091	12 138	1∶15.1	144 143	9 705	1∶14.9
2014	173 319	11 886	1∶14.6	145 902	9 807	1∶14.9

续表

年份	小学在校生（人）	小学专任教师（人）	小学师生比	普通中学在校生（人）	普通中学专任教师（人）	普通中学师生比
2015	166 346	11 888	1∶14.0	144 947	9 956	1∶14.6
2016	161 452	11 538	1∶14.0	141 885	10 085	1∶14.1
2017	156 126	10 961	1∶14.2	139 355	10 207	1∶13.7
2018	154 354	11 024	1∶14.0	135 372	10 222	1∶13.2
2019	153 636	10 493	1∶14.6	131 828	10 615	1∶12.4
2020	152 925	11 092	1∶13.8	128 521	10 239	1∶12.6
2021	151 526	11 106	1∶13.6	126 806	10 246	1∶12.4
2022	148 288	10 762	1∶13.8	127 112	10 101	1∶12.6
2023	153 554	10 810	1∶14.2	126 083	10 100	1∶12.5

数据来源：2012—2023年《楚雄州统计年鉴》、楚雄州2023年国民经济和社会发展统计公报。

医疗卫生方面，2011—2023年，楚雄州每千人拥有医疗卫生机构床位数量逐年上升，从4.24张增长到8.55张，全州卫生医疗设施的供给能力不断增强。每千人拥有卫生技术人员数从3.36人增长至9.93人，卫生医疗专业人才规模不断增加。全州医疗卫生资源逐年增加，有助于提高农村医疗卫生服务的可及性，为农村居民提供更好的医疗保障和服务（见表4-6）。

表4-6 楚雄州医疗卫生情况

年份	每千人拥有医疗卫生机构床位数（张）	每千人拥有卫生技术人员数（人）
2011	4.24	3.36
2012	4.51	3.35
2013	4.98	4.45
2014	5.37	4.67

续表

年份	每千人拥有医疗卫生机构床位数（张）	每千人拥有卫生技术人员数（人）
2015	5.44	5.04
2016	5.48	5.17
2017	5.85	7.41
2018	5.96	5.99
2019	6.13	6.59
2020	7.12	8.08
2021	7.16	8.06
2022	8.08	9.01
2023	8.55	9.93

数据来源：2012—2023 年《楚雄州统计年鉴》、楚雄州 2023 年国民经济和社会发展统计公报。

农村居民最低生活保障方面，2011—2023 年，楚雄州农村居民最低生活保障人数总体呈下降趋势，表明农村居民生活条件和生活水平不断提升，部分居民不再需求最低生活保障，尤其是 2020 年脱贫攻坚战取得全面胜利后，2021 年的人数降至 94 253 人。但需要注意的是，2023 年农村居民最低生活保障人数略有上升，比 2022 年增加了 5 265 人，这种波动性说明需要持续关注农村经济发展的稳定性（见表 4-7）。

表 4-7 楚雄农村居民最低生活保障

年份	农村居民最低生活保障人数（人）
2011	156 452
2012	178 724
2013	193 015
2014	193 097
2015	188 208

续表

年份	农村居民最低生活保障人数（人）
2016	189 410
2017	145 739
2018	122 523
2019	134 333
2020	104 312
2021	94 253
2022	97 271
2023	102 536

数据来源：2012—2023年《楚雄州统计年鉴》、楚雄州2023年国民经济和社会发展统计公报。

农村人居环境治理方面，楚雄州大力推动农村人居环境整治，2020年，楚雄州第十二届人民代表大会常务委员会通过《楚雄彝族自治州乡村清洁条例》，加快农村户厕建设。截至2023年年底，全州农村卫生户厕覆盖率达到78%左右。推进农村生活污水提升治理，2023年楚雄州建制村、自然村生活污水治理率分别达到80%、79%。整合全州党政干部、驻村工作队队员、党员、志愿者4支队伍，划定州、县、乡、村、组五级网格，建立起农村生活垃圾收费、村庄保洁员等常态化管护机制，推动农村环境质量改善。

（二）主要举措及成效

1. 加大政策支持和引导

楚雄州密集出台涉及基层治理和公共服务的政策，对政务网络建设和应用、教育医疗等信息互通和服务共享、全民健康信息化建设、基层治安管理数字化建设等内容进行规定，为数字化赋能乡村治理和民生服务作出指引（见表4-8）。

表 4-8　楚雄州乡村治理相关政策主要内容

名称	主要内容	时间
《楚雄州全民健康信息化建设规划方案》	围绕楚雄州全民健康信息平台建设，整合现有资源，消除信息壁垒和孤岛，实现卫生健康信息跨机构、跨区域、跨领域互联互通、共建共享和业务协同，创新健康服务模式，增强监管能力，强化业务协同，推进健康楚雄建设。 以县级医院为龙头，整合县乡医疗卫生资源，为县、乡、村一体化体系提供统一的数据共享服务。 通过远程医疗平台来对接县级医院、乡镇卫生院的内部系统，实现居民电子病历共享与调阅。 楚雄州妇幼保及卫生计划生育云平台与楚雄州全民健康信息平台面向妇幼保健机构、二三级助产医院、乡镇卫生院、社区卫生中心采集数据，楚雄州妇幼保及卫生计划生育云平台逐级向市级妇幼保健平台、省级妇幼保健平台、国家级妇幼保健平台上传数据。横向与楚雄州全民健康信息平台及民政、保险、公安等部门对接	2020年3月
《楚雄州数字经济发展三年行动计划实施方案(2022—2024年)》	数字治理提效工程。依托全省公共核心基础平台，深入推进数字政府建设，优化提升全州电子政务外网，加快政务网络建设及应用，推动政务信息系统上云用云。推广应用"云政通"平台，加快政府内部业务办公流程整合和效能提升。持续加大"一部手机办事通"事项上线力度，推动一批高频事项、民生事项上线办理，持续提升网上可办率和全程网办率。建立重点监管事项库，促进非现场监管、区块链+监管、AI监管等新技术落地与推广。打造生态环境保护综合协同管理应用，加强生态环境全要素监测，推动联合治理。加快治安管理、应急管理等领域数字化建设，提升公共安全保障水平。建好、用好楚雄州党建引领"一部手机治理通"平台，构建网格化管理、精细化服务、信息化支撑、开放共享的基层管理服务平台，强化网格化管理落实常态化疫情防控措施。	2022年4月

续表

名称	主要内容	时间
	数字服务惠民工程。推广使用国家中小学智慧教育平台，持续建设完善"楚雄教育云"平台，加快建设覆盖全州中小学校的地理信息系统，推进智慧校园、智慧课堂建设。加快推进楚雄州全民健康信息平台、疾病预防控制和公共卫生事件应急指挥体系建设，加强楚雄州定制化"全球影像"医疗服务云平台运用，推动远程医疗向基层覆盖，加强智慧医院、互联网医院建设，加快构建线上线下一体化医疗服务模式。加快文化资源数字化转化和开发，推进数字图书馆、数字博物馆、数字文化馆等建设。加快推动全媒体深度融合，大力推广"楚雄融媒"应用。加快提升民生服务数字化水平，加大"困难救助平台""一部手机就业通"等应用推广力度，持续推行社会救助资金社银一体化发放，创新"互联网+养老"服务。 数据资源汇聚共享工程。加快"楚雄云"建设，分批有序推进非涉密信息系统数据中心（机房）向"楚雄云"迁移，推动数据"聚、通、享"。建立政务数据汇聚保障机制和基础数据更新联动机制，构建全州公共数据资源目录，加强公共数据汇聚。建设完善州级人口、法人、信用、电子证照、自然资源和空间地理等基础数据库，以及各部门业务主题库和有关专题库。建立政务数据共享协调机制，编制政务数据共享目录和供需对接清单，纳入全省一体化政务服务平台和政务数据共享交换平台运行管理、及时更新。加快推进共享数据在经济调节、市场监管、社会管理、公共服务、生态环境保护等领域应用。建立公共数据开放目录，依托"一部手机办事通"、全省网上政务服务平台等系统平台，推动数据有序开放。引导市场主体探索公共数据资源开发利用，拓展公共数据资源开发利用场景，推进公共数据与行业数据深度融合应用。探索政府数据授权运营模式，鼓励第三方深化对公共数据的挖掘利用	
《楚雄州义务教育优质均衡发展实施方案》	教育质量评估包括教育信息化内容，如所有学校制定章程，实现学校管理与教学信息化；教师能熟练运用信息化手段组织教学，设施设备利用率达到较高水平	2023年2月

续表

名称	主要内容	时间
《楚雄州贯彻落实云南省数字政府建设总体方案任务分解》	构建协同高效的政府数字化履职能力体系：积极推动数字化治理模式创新，提升社会管理能力；持续优化利企便民数字化服务，提升公共服务能力；加快推进数字机关建设，提升政务运行效能；推进政务公开平台智能集约发展，提升政务公开水平。 构建数字政府全方位安全保障体系：强化安全管理责任；落实安全管理制度；提升安全保障能力。 构建科学规范的制度规则体系：建立健全规章制度；推广执行标准规范	2023年7月
《楚雄州贯彻落实云南省基本公共服务提升三年行动（2023—2025年）任务分解清单》	以乡镇寄宿制学校为重点，优先改善农村中小学教育教学及生活条件。 配备必要的教育信息化设施设备。 打通信息共享壁垒，协调推进财政电子票据及税务数字化电子票据信息共享。 督促定点医疗机构实现自费患者医疗费用明细上传，提高医疗机构直接结算率，完善医保智能审核监控功能。 2025年90%以上的乡镇卫生院（社区卫生服务中心）服务能力达到国家基本标准。 以"智享数据""智联业务""智惠服务"为主线，持续推进社会保险数字化转型，继续完善全省统一、衔接国家的社保经办信息系统和公共服务平台功能。 织密基层就业服务"民生保障网""智慧信息网"	2023年8月
《楚雄州教育高质量发展三年行动实施方案（2023—2025年）》	实施教育数字化推进行动。一是建设教育公共服务平台。继续加强楚雄教育云平台建设，把楚雄教育云平台建设成为服务教育高质量发展的教育公共服务平台，为师生提供在线教学、在线学习等服务。深化拓展楚雄教育云平台资源在教育教学中的应用。二是推进数字校园建设。以数字课堂建设为重点，大力推进数字校园建设。升级改造、新建全光纤校园网。改造和新建一批标准数字教室，满足学校基本数字化教学需求	2023年10月

注：上表由作者根据涉及文件整理所得。

2. 大力推进智慧党建

楚雄州大力推动以数字化转型赋能党建。如楚雄市依托云南省"党建云"等信息资源建设"威楚智慧党建"综合型管理服务平台，可实现"手机屏、电脑屏、电视屏"三屏互联和"基层治理平台、党政融合平台、党员教育平台、基础党务平台"四台互通，并纳入全市党组织和党员各项信息的数字化和各类党务工作线上统一管理。利用"威楚智慧党建"平台，加大党员教育方式的创新，采取彝汉双语教学、红色教育 VR 线上展馆等方式，对楚雄市"威楚红色文化走廊"14 个教育基地、"一主四辅"政德教育基地以及政治文化教育、革命历史教育、传统文化教育、地方乡土文化教育四大板块的教学成果进行集中开发定制和推送展示，提高党员教育的参与度和互动性。

3. 加快推动农村新型基础设施建设

楚雄州大力实施"宽带乡村"工程，持续优化和提升乡村地区移动通信和光纤网络覆盖，实现 4G 网络城市、乡镇、行政村全覆盖，5G 网络行政村覆盖率达 90%以上，乡村地区网络服务能力和水平得到有效提升。推动乡村地区有线电视数字化改造，广播受众覆盖率达到 100%。通过在乡村地区新型基础设施的建设，为村民共享互联网发展成果奠定基础。

4. 建设"一部手机治理通"平台

楚雄州自 2019 年起统筹汇集基层治理和民生服务领域的公共数据，搭建党建引领"一部手机治理通"平台，将全州行政区域划分为 2.9 万个网格，整合融入政务服务、法律服务、生活服务、困难救助等 144 个便民服务应用和信息公开栏目，构建起"党建+网格+手机+治理"的基层社会治理体系。2019—2022 年，该平台累计受理事项 85.84 万件，通过平台宣传政策信息触达受众 2 000 余万人次。同时，各市县积极推动公共数据汇聚。如楚雄市整合各类平台和 App 数据资源，建设数字乡村综合服务云平台，推动全市城乡资源数据采集、汇总、存储、分析和可视化运用，打通全市 15 个乡镇、154 个村（社区）、2 950 个自然村组织架构。同时实施"互联网+平安乡村"建设，联网安装摄像头 6.7 万个，影像实时传输到"一部手机治理通"平台，建立覆盖全市的安防视频监控预警体系。

5. 以教育信息化推动优质教学资源下沉乡村

楚雄州大力推动宽带网络校校通、优质资源班班通、网络学习空间人人通和教育资源公共服务平台、教育管理公共服务平台"三通两平台"建设，实现全州城乡中小学 1 万多间多媒体教室和计算机教室建设，通过电子黑板、多媒体设备、联通"楚雄教育云"平台等方式，加快乡村教育信息化设施设备建设。楚雄州在 2016—2018 年统筹实施中小学教师实际操作、楚雄教育云应用的全员培训，通过第一年信息技术应用培训、第二年融合应用培训、第三年深度融合应用培训的分批次、有重点的培训，有效提升教师信息素养，从而推动乡村学校信息技术课的开设，增强乡村教师对远程教育的操作应用水平。

6. 推动智慧医疗卫生服务覆盖乡村

楚雄州在云南省内率先推动全民健康信息平台建设，实现全州医疗业务系统和基本公共卫生服务、家庭医生签约系统数据互通共享，远程会诊、影像诊断、心电诊断覆盖州、县（市）、乡（镇）三级医院，让群众在家门口就能享受到优质医疗服务。同时，积极依托国家医疗保障信息平台实现 38 项医保服务事项线上办理，推动基本医保、大病保险、医疗救助实现一站式结算。州内各县市积极推动本地区智慧医疗的建设，如永仁县建设医疗卫生"全县一张网"，推动卫生健康智慧管理、智慧医疗、智慧服务与"三医"有效联动，不断扩大"智慧医疗"建设覆盖面，强化县级医疗服务机构与乡镇、村两级医疗服务机构的沟通，准确分析乡村医疗卫生业务帮扶需求，提高智慧医疗建设效率。

7. 建设公共数字文化服务平台

楚雄州建设"云南文化云·楚雄"公共数字文化服务平台，广播电视人口综合覆盖率 100%，推动全州乡（镇）、村（社区）公共文化服务场所实现无线网络全覆盖，为人民群众提供"互联网+"的公共文化服务模式。该州所辖市县加大探索，如元谋县推动农村公共文化基础设施提档升级，制定《元谋县基本公共文化服务标准（2016—2020）》，推进10个乡镇文化站和77个村（社区）综合性文化服务中心的标准化建设，为农村居民共享文化资源奠定良好基础。同时该县积极推动本地区居民对云南文化云公共数字文化服务平台的关注和使用，并积极利用该平台共享文化信息，2023年共上传文化资讯372条、开展文化直播7场、展示地方特色文化短视频89个。通过文化云公共数字文化服务平台和升级后的农村公共文化基础设施，元谋县在推动城乡优质公共文化服务共享方面成效显著。

8. 推动智融司法服务

楚雄州法院加大智慧法院和互联网司法建设，开通24小时自助法院，为城乡居民提供一站通办、一网通办、一次通办的诉讼服务。同时，大力推动乡村普法，开展院坝普法、田埂普法、敲门送法、以案释法、随案普法、数字媒体法治宣传等活动，增强农民法治意识。

（三）典型个案剖析——庄甸村庄治理

楚雄州楚雄市作为首批国家数字乡村建设试点，积极推进乡村地区经济社会的数字化转型，2020年，获"全国农村创新创业典型县""全国县域数字农业农村发展先进县"称号。2021年年底，数字乡村试点工作顺利通过省级中期评估并荣获全省唯一优秀等次。其中，东瓜镇庄甸社区在乡村建设和治理数字化转型方面作出了有益探索。庄甸社区位于东瓜镇东南部，东与苍岭镇边界接壤、南与鹿城镇相邻，西与龙川江、鹿城镇为界，北与览经社区相连，距镇政府约11.3千米。庄甸社区总面积9.83平方千米，辖蔡家冲、蔡家湾、沙溪、汪家屯、谢家河、元寿桥、朱瓜冲、朱外队、朱以队、庄甸村10个村（居）民小组。社区党总支1个，下设5个党支部，10个党小组，正式党员107名，预备党员1名。2022年年底，有户数597户，总人口2 580人。庄甸社区加快建设数字庄甸，提升乡村建设和治理数智化水平，该社区蔡家湾小组获得 2022 年云南省绿美村庄、乡村振兴"百千万"工程美丽村庄等称号。

1. 建立数字庄甸大数据平台

推动庄甸社区数据对接"楚雄移动 5G+数字乡村云平台",利用 5G、大数据、物联网、区块链等技术,实时监测气象、土壤、温度、湿度,统筹汇聚房屋等数据资源,建立乡村数据资源"一张图"管理机制,通过大屏实现直观展示、日常监控和应急指挥。

2. 开发"庄甸小管家"小程序

2021 年,楚雄市在东瓜镇庄甸社区蔡家湾小组探索开发"庄甸小管家"程序,推行乡村基层社会数字化治理。建立积分银行机制,村民参与美丽庭院随手拍、网上报名参加社区志愿者服务活动等,就在积分银行中自动生成相应积分。村民可用积分在"庄甸小管家"程序中"爱心超市"板块兑换米、面、油等生活用品。通过数字技术和制度建设的有机融合,构建起农村人居环境的村民自我监督机制和激励机制,在提升农村人居环境治理效能的同时,增强农村居民的参与感和主人翁意识。

3. 实施智慧安防工程试点示范

村庄公共区域安装 AI 智能分析摄像头、智慧云广播等设备,实现智慧安防、垃圾分类提醒、禁止停车提醒、远程喊话、通知播报等功能,并实现对重点区域环境、治安等的 7×24 小时监测。依托智能设备实施自动识别和处置,有陌生人或车进入,智能摄像头就会进行人脸和车牌自动识别和预警;有草坪踩踏、乱倒垃圾、停车不规范等行为被识别到后,将对影像进行 AI 智能分析并自动通过语音播报和指示灯发光的方式进行提醒。同时,建立网格化巡逻防控新机制,推动线下治理和线上治理的融合,社区管理网格员将巡逻中发现的情况和隐患上传至"一部手机治理通",后台指挥中心立即上报信息,并交由相关部门进行处理。

三、案例透视

(一) 数字化赋能模式

楚雄州以数字化赋能，推进乡村治理体系和治理能力现代化。一是加大推进智慧党建，强化基层党组织建设，健全党组织领导的自治、法治、德治"三治"融合的乡村治理体系。二是以数字化手段赋能教育、医疗卫生、公共文化，提升农村地区公共服务水平。三是以数字化推进乡村治理模式的创新，构建数字化治理大平台，加快改善农村人居环境，加强村民权益保障，提升平安乡村建设水平，打造和美乡村（见图4-7）。

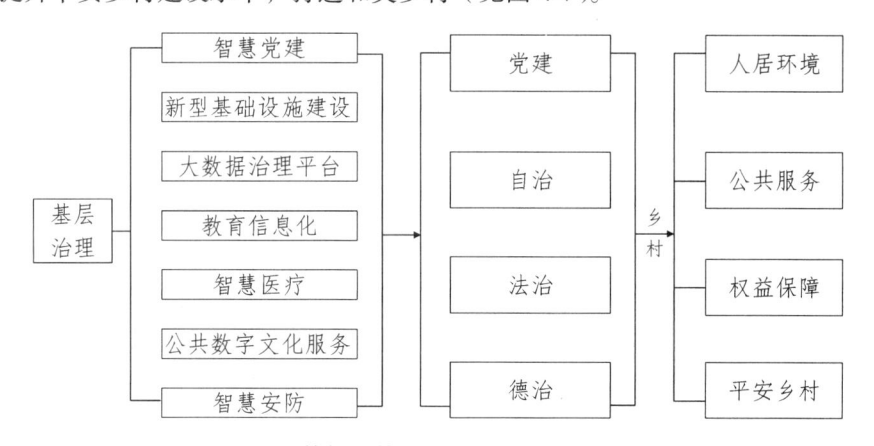

图 4-6 楚雄州数字化赋能乡村治理的模式

注：上图由作者制作。

(二) 需关注的问题

1. 农村新型基础设施仍有待完善

2023年年末，全州固定电话用户8.28万户，移动电话用户253.2万户，电话普及率为98.6部/百人（按公安户籍人口计算），互联网用户103.79万户，互联网普及率仍需提升。在楚雄州不少乡村地区，尤其是偏远地区，网络和通信设施尚未建设，或现有设施无法很好地支撑高数据速率需求。基础设施的缺乏或落后，限制了数字化工具的普及和应用，降低数据传输和处理能力，影响乡村治理的数字化转型。

2. 制约因素较多

楚雄州农村地区人口分散，社会事业任务繁重，乡村治理模式创新力度仍需进一步加大，如乡村普法宣传渠道以线下为主、农村人居环境整治示范需加大推广。

3. 数字人才短缺

数字人才是乡村治理数字化转型的主要实施主体。楚雄州村干部数字技术创新应用水平有待提升，农民数字化意识欠缺、数字素养整体水平偏低，是该地区推进数字化赋能乡村治理过程中面临的重要制约。

（三）重点突破方向

1. 持续加大农村新型基础设施建设

加大基础设施建设投入，提高农村地区通信网络覆盖率，完善偏远地区电力、水利、交通、信息等基础设施，提升农民生产生活便利度，降低乡村治理数字化转型过程中的障碍。

2. 加大乡村治理模式创新力度

在尊重农民生活习俗的前提下，充分利用数字技术创新乡村治理模式，推进一体化政务服务平台、立体化环境安防监控平台建设，加大楚雄市等成功探索经验在全州范围的推广应用，提升乡村治理效能。

3. 加大数字乡村治理人才培养

强化农村基层党员干部数字技术培训，增强村干部利用数字技术服务群众的能力。加大农民数字化教育培训，推动数字技术融入生产生活场景，助力农民建立数字化意识、熟悉数字化操作，结合村镇实际从当地农民中培育一批引导乡村自治数字化转型的人才。

# 第五章

数字化赋能乡村振兴的路径研究

第一节 加大农村数字基础设施建设

一、加快网络覆盖与升级

（一）提升乡村网络设施水平

加快农村地区宽带通信网、移动互联网和数字电视网络建设，开展实施5G等新型基础设施建设工程，推进广播电视基础设施建设和升级改造，持续实施电信普遍服务补偿试点工作，支持电信运营商开展农村偏远地区宽带网络运行维护，提升农村互联网普及率、接入能力以及对外部资源的引导能力。

（二）推动基础设施数字化转型

推动能源基础设施智能化改造，推动农村地区水利、公路、电力、农业生产加工等基础设施的数字化、智能化转型，逐步推动智慧水利、智慧交通、智能电网、智慧农业、智慧物流的建设。

二、加快完善信息终端和服务供给

（一）加大开发适应"三农"特点的信息终端

根据农业、农村、农民的特点，加大信息终端、技术产品、移动互联网应用软件（App）的开发应用，提升服务内容的丰富性和针对性，推动服务方式的多样化和便捷化，推动农村农综服务的整体提档，实现农民无障碍操作，从而更好满足农民对信息服务的实际需求。

（二）优化"三农"信息化服务供给

推进信息进村入户及"12316""三农"综合信息服务全覆盖。充分运用农业、科技、商务、邮政、供销等部门在农村的现有站点资源，整合系统平台、人员、资金、站址、服务等要素，统筹打造基层综合信息服务站点。站点信息服务涉及农民生产生活各个方面，包括种植养殖技术、病虫害防治、农产品交易、医疗教育以及法律、资金、就业需求等信息服务。推进信息进村入户，实现普通农户不出村、新型农业经营主体不出户就可享受便捷、高效的生产生活信息服务。

第二节 大力发展智慧农业

一、推动智慧农业发展

（一）增强新一代信息技术与农业生产的跨界融合

加快推广云计算、大数据、物联网、人工智能的运用，推动智能灌溉、智能温室、土壤监测、收成监测、精准培育、精准饲养、疫病防治、人工智能辅助育种等的发展，打造农业特色"互联网"示范小镇。

（二）推进农业全产业链智能化建设

加强智慧农业相关技术的联合攻关和技术创新，以粮猪菜保供产业和地方特色农业为试点，先行先试开展智慧农业核心技术攻关、装备研发及全产业链数字化转型发展。制定智慧农业应用标准规范，推动农业智能化关键技术和成套设备、生产管理 AI 数据模型的创新和应用，规范产业数据采集方式，试点建成单品种全产业链大数据，探索出可复制的农业全产业链数字化改造模式。

（三）建设智慧农业科技产业园

依托有条件的现代农业产业园升级打造综合性智慧农业科技产业园，建设园区智慧农业生产管理中心，加速推进智慧农业企业、项目的集聚，建设智慧农业的创客成长空间，推动智慧农业产学研深度融合，建立智慧农业科技成果转化体系，加大智慧农业技术创新、应用创新、模式创新，把产业园打造成为智慧农业技术发展先行区、产业集聚区和企业孵化区。

（四）推动信息化与农业装备、农机作业服务和农机管理融合应用

加大农业智能装备的研制，鼓励农机装备行业发展工业互联网，推进农田

宜机化改造，推广农业植保无人机、无人旋耕机等成熟智能农业装备，加快农机调度、工况检测和推广展示的信息化和智能化。

（五）建设天空地一体化智慧农业监测体系

综合利用卫星遥感、无人机、物联网、云计算等现代信息技术和设施设备，实现对农业资源要素、生产过程、时空方位及生产环境等数据的获取、整理、筛选，构建天空地一体化智慧农业监测体系，为产业布局、耕地质量监测、农作物长势及生长环境监测、重大动植物疫情防控、灾害预防预警和应急处置等提供决策服务。

二、完善农产品质量安全追溯管理

（一）建立农产品溯源大数据库

推动各省市对接国家农产品质量安全追溯管理信息系统，建立农产品溯源大数据库。推动农产品供应链各环节信息的采集，建立全国名特优新农产品、绿色食品、有机农产品、农产品地理标志数据库和信用档案查询系统建设，加大农药、兽药、肥料等农业投入品生产、流通、使用等追溯系统建设。深度挖掘大数据资源价值，以大数据为支撑有效提升农业投入品补助政策绩效，推动化肥农药科学施用、减量使用和源头管控。

（二）建立农产品质量追溯标准体系

统筹资金、技术、人力、物力，建立统一的农产品质量安全追溯规范化标准体系，明确编码标准、数据标准、时间标准、标签应用、信息服务标准，加大相关人员的培训，推动追溯平台的规范填写和数据的及时上传，确保信息录入的真实性，打造具有权威性的农产品质量安全追溯体系。

（三）引导相关主体参与农产品质量安全追溯系统建设

坚持政府推动与市场引导相结合的方式，推动农产品质量安全追溯系统建设。政府加强引导和支持，一方面充分利用新媒体开展公益宣传，提高消费者对农产品质量的关注度,普及农产品质量安全追溯的重要性。另一方面,为愿意开展农产品质量安全追溯的生产主体提供培训和帮助,加大参与追溯企业、农户的支持和补贴力度,通过推动成本降低和收益增加,引导更多经营主体参与追溯系统的建设。

第三节 推动农村电商高质量发展

一、推动电商服务站点提质增效

(一) 完善农村电商公共服务体系

制订出台乡镇电商服务站建设基本标准,并对其公共服务绩效定期进行评估。引导有条件的乡镇为农村电子商务创业群体提供集中创业公共场所,完善配套服务,带动包装、冷链、营销、物流等一体化上行体系的建设和各类实用人才的培养。

(二) 以市场化方式推动农村电商服务站点发展

充分发挥市场在资源配置中的决定性作用,灵活采取联营、挂牌等方式,办好农村电商服务站点。鼓励农村电商企业、有网络销售实绩的专业合作社、致富带头人等承建电商服务站点,提升站点经营绩效。

二、加大电商产品的开发和运营

(一) 因地制宜开发电商产品

各地因地制宜,根据自然地理条件和产业特点,加大农村电商产品的开发。鼓励和引导农业龙头企业、专业合作社、家庭农场、专业大户与乡镇村电商服务站点、大型电商平台合作培育网货农产品。

(二) 强化电商产品运营

将深入实施"数商兴农"和"互联网+"农产品出村进城工程与推进山区农

业标准化、精细化、绿色化转型有机结合，制定凸显特色、提升品质的农产品产销规划，打造农产品电商品牌，提升山区网销农产品的知名度和市场认可度。

三、推动直播电商规范发展

（一）推动直播电商行业提档升级

整顿农产品直播乱象，加大对违法谋取利益、损农伤农行为的惩处。加快推进数据共享，构建直播经营主体信用评价指标体系，由第三方评价机构依托市场监管部门、发展改革委、商务部门、涉农部门、税务部门、司法机关、电商平台、银行、消费者协会、行业协会等掌握的信息实施评价，提升农产品网络经营服务水平。

（二）组织开展直播助农活动

支持优质电商物流企业下乡，开展助农直播带货活动，缓解地方农产品销售压力。同时扩大优质内容产能，创新内容表现形式，提升内容传播效果，讲好乡村故事，助力乡村文化自信，唤醒农民主体性。

（三）加大电商人才培训

加大乡村网红培训，开展直播带货成长训练营以及电商主播大赛、短视频大赛、直播带货节等活动，积极挖掘本土农村电商人才，推动具有实践经验的电子商务从业者从返乡下乡创业，培养一批充满正能量、知农爱农的乡村网红，打造在全国有影响力的乡村网红，以网络影响力和流量效应助力农特产品销售的同时，引导外界关注农村，促使网红经济造福农民。

四、推动农村物流发展

（一）推动农村电商与物流深度协同

随着我国电子商务与物流的发展，尽管两者的协同度有所增进，但仍面临发展不协调、衔接不顺畅等问题，农产品上行中电商与物流共生关系表现为"非互惠协同共生"（侯约翰，2021），成为乡村产业发展掣肘；工业品下行中电商与物流在偏远地区矛盾突出，难以很好地满足农民生产生活需要。因此，需要加快推动农村电商与物流的深度协同，在乡村振兴战略实施中把电商与物流作为有机整体，从全面、系统的角度持续推进两者的规划建设和项目实施。同时，加大农村电商与物流的政策协同，避免政策冲突或衔接度不够，统筹构建农村电商物流发展政策支撑体系。

（二）加快农村电商物流设施设备升级

农村电商物流设施设备与城市相比仍然存在较大差距，物流装备落后、信息化程度低、运作成本高是阻碍农村电商物流高质高效发展的瓶颈。因此，需要加快推动农村电商物流设施设备升级，一是进一步加大电商物流产业园、分拨中心的建设，同时整合农村电商物流资源，利用现有设施加快建设村级寄递物流综合服务站，推动农村物流向村级延伸。二是推动农村电商物流设施设备信息化、智能化建设，加快包装生产设备设施升级改造和工艺创新，推动绿色包装生产和利用。加大财政投入，发挥"四两拨千斤"的作用，引导更多社会资本有序进入农产品冷链物流设施设备建设领域。

（三）优化农村电商物流末端配送

农村地区物流配送目的地分散、规模小，是电商物流最后一公里中面临的客观现实，其所带来的配送成本高、配送不及时不规范等问题对农村电商物流和乡村产业的可持续发展产生不利影响。因此，需要进一步优化农村电商物流末端配送，一是加大政策支持力度，整合优化配送线路，积极引导电商物流企业以多种方式探索开展共同配送，有效提高仓储配送效率，破除农村电商物流末端配送成本困局。二是电商物流企业加大从业人员培训考核，提高投递时效性，降低货物破损率和丢失率，有效提升农村地区末端配送服务水平。政府加大监管力度，对违法违规行为进行清理整顿。

（四）完善冷链物流配套

加快冷链配套设施布局，结合县域内物流园区、农村批发市场、生鲜农产品区域性集散地等，统筹规划建设冷链仓储设施。建立健全冷链物流标准，引导生鲜农产品冷链物流企业加大信息技术的运用，提升冷链物流企业的规范化、专业化、网络化服务水平，降低农产品损耗率。

第四节 提升农村生态环境保护数字化水平

一、建设农村生态环境数字化监测系统

（一）建立农村生态系统监测系统

政府加快统筹山水林田湖草系统治理数据，建立统一的农村生态系统监测系统，精准测度分析空气质量、森林覆盖率、河流污染等关键生态指标，并对生态功能重要区域和农村生态环境敏感脆弱区域实施重点监督和预测预警，以数字化、智能化手段推动生态系统的高水平保护。

（二）建立农村人居环境监测系统

建立农村人居环境智能化监测系统，通过卫星遥感、大数据、AI分析等技术对农村污染物、污染源实施实时监测，推动农村饮用水水源水质保护，有效提升垃圾清运和污水治理效率，加快改善农村人居环境。

二、应用数字技术提升农村资源利用效率

（一）提高农业产业链供应链资源利用水平

实施水、土壤等农业生产条件的智能化管理，开展自动调节灌溉，推广土壤利用和修复状态的智能化检测，加大农业资源集约化利用。建立农产品绿色流通监管体系，实时监控农产品仓储、配送、包装等各环节的资源消耗和环境影响，准确识别高耗能环节并及时调整改进。

(二)以产业融合加大农村资源利用

一方面以数字化助推农业、林业、畜牧业、渔业的融合,利用数字技术加大秸秆、畜禽粪便等资源化利用,将农业废弃物转化为肥料、饲料、生物质能源等,加快生态循环农业的发展。另一方面,以数字化助推农业与二三产业的融合,通过农产品智能化精深加工提升农业原材料就地转化和副产物利用的水平,利用农文旅融合数字化平台推动农村资源的保护和合理开发利用。

三、以信息共享助推农村生态环境共建共治

(一)建立农村生态环境数据共建共享机制

推动政府开放生态环境监测数据、企业分享绿色生产数据、农村居民在数字平台上传相关环保实践信息,加大农村生态环境信息聚集和共享,加快建立农村生态环境数据资产生态链。

(二)依托数字媒介推动多主体协同参与生态环境保护

充分利用数字媒介的开放性和互动性特征,建立有效的信息传播机制,政府发布生态环境领域相关政策法规,农村居民通过数字平台监督和参与,共同推动生态环保领域政策落地见效。通过抖音、微信等社交媒体发起生态环境保护活动,打造政府、农村居民、下乡人才、各类经营主体、环保组织等共同参与农村生态环境保护的氛围。

第五节 加快"数字化+公共服务"发展

一、推动"数字化+教育"发展

(一)推动农村教育信息化建设

推进乡村小规模学校和乡镇寄宿制学校宽带网络全覆盖,扩大校园无线

网络覆盖范围，提升网络速度。集约化搭建地方智慧教育平台，推动城市优质教育资源与乡村中小学对接，推动远程教育，实现优质教育资源共享。

（二）建立健全线上线下相融合的农村教师能力水平提升机制

实施远程培训，利用"互联网+教育"的灵活性和便利性，加强农村教师对专业学科、文字撰写、语言表达的学习，加快综合知识体系的更新，同时进一步深化农村教师对多媒体、翻转课堂、在线教育的认识和使用，大幅度提高课堂教学效果。加大农村教师培训基地建设，实施农村教师定期培训和考核的机制，提高农村教师思想认识，加大新理论、新教学方式的示范。由师范院校教师和区域教研专家、中小学优秀教师组成送教团队，通过"送教下乡"对农村教师开展培训。

二、推动"数字化+医疗健康"发展

（一）推动农村医疗卫生信息化建设

加大农村医疗机构计算机设备、扫描设备、打印设备、服务器设备的配备，不断提升乡镇卫生院信息化水平，推动村卫生室标准化和信息化建设，完善农村医疗档案数字化管理，推动医疗机构向农村医疗卫生机构提供远程医疗服务，逐步实现基层医疗卫生信息系统和远程医疗服务基本覆盖基层医疗卫生机构。

（二）加大农村医疗卫生队伍建设

通过互联网医院的发展，增加乡村医生在大医院医生开展互联网诊疗中耳濡目染的机会。组织开发乡村医生专项培训视频教程，依托手机、电脑等实施在线辅导，针对乡村医生能力建设薄弱环节，有针对性实施专业技术和互联网技术的培训。

（三）培育发展农村智慧养老

推动城乡智慧养老云平台建设，支持互联网企业进入养老服务业开发智慧养老产品。依托"互联网+"整合农村零散的养老资源，利用大数据、物联网等技术创新农村养老服务模式。

（四）健全公共就业服务平台

推动基层社保窗口信息化建设，实施掌上社保和指尖服务，为农村居民提供"互联网+"就业创业、社会保障服务。

三、推动"数字化+乡村文化"发展

（一）加大乡村文化资源数字化建设

推动建立互联网助推乡村文化振兴建设示范基地，加大乡村文化资源数字化建设，建设历史文化名镇、名村和传统村落。支持挖掘农耕文化资源，加大"三农"题材网络文化优质内容创作，打造有代表性、有影响力的文学影视作品，推动农村优秀传统文化的保护与传承，厚植乡村文化根基。

（二）以数字技术赋能非遗文化传承和创新

加快建立非遗数字资源库和非遗数字博物馆，应用加权检索、位置算符、布尔逻辑等多种检索技术提升建盏数据的检索能力（陈思，2024），建立非遗口传身授与数据库支撑相融合的传承方式。非遗传承人应创新发展思维，加大数字技术的利用，推动新媒体语境下非遗传统元素与现代元素的碰撞与创作。以政府、非遗工作室、学校、研究机构、社会力量等多方协作发力，推动非遗数字化人才的培养，加快推动传统技艺类非遗的活态传承与发展。丰富文化品牌的数字化传播渠道，以新媒体、数字虚拟、数字动画、全息互动投影、夜间光影秀等方式多样态展示乡村非遗，激发大众的关注，同时通过短视频、直播等方式将过去的少数专业化传播主体转变为大众多元化传播主体。

第六节 以数字化助力提升乡村治理效能

一、以党建引领"自治、法治、德治"融合

（一）大力推进智慧党建

推动农村基层智慧党建系统建设，推动基层党组织情况、党员管理、党组织活动、规章制度数字化管理，提高党务工作的高效化和科学化水平。建立农村党员教育融媒体平台，逐步在农村推广网络党课教育，推动党务、村务、财务网上公开。

（二）以党建引领"三治融合"

利用互联网加强农村党建宣传工作，以党建引领自治、法治、德治融合。推广"积分制+清单制"与村庄治理 App 的综合应用，提升村民参与社会治理积极性，建立起道德激励约束机制。加大智慧法院建设，畅通群众的诉求表达、利益协调和纠纷处理渠道。

二、加大乡村规划管理和政务服务数字化建设

（一）推动乡村规划管理信息化

建立村庄现状普查、规划编制、规划实施、规划监测的信息化支撑体系，构建乡村规划信息"一张图"，推动国土空间用途管制智能化，规范规划调整，精准实施项目管理，有效提升监管效能，推动村民参与方式的灵活化和多样化。

（二）推进农村数字政务服务建设

整合各层级农村政务服务资源，推动政务服务平台和综合服务窗口向农村延伸，全面推广村级代办便民服务事项，提高政务服务自助终端行政村覆盖面，加快推进乡镇政务服务实体大厅服务事项和信息建设的标准化管理，更好为农户提供一站式政务服务和便民服务。推进"互联网+政务服务""互

联网+监管""互联网+督查"一体运行、协同联动。持续推进农村"雪亮工程"，逐步覆盖农村重点公共区域、重点场所、主要道路、重要农业基础设施、重要水源地，增强社会治安防控和维稳处突能力。建立健全农村社区网格化治理信息平台，推进农村全科网格化管理，加快社区治理智能化建设。

第七节 建立防返贫智能化监测和精准化帮扶

一、建立返贫人口和新发生贫困人口的监测预警机制

建立健全防止返贫致贫监测帮扶信息平台，持续推进行业之间、部门之间数据互联互通，强化数据的整合运用，加大对脱贫人口和困难群众的动态统计监测、分级分类风险预警和及时精准帮扶。通过充分发挥数字化对防返贫监测帮扶的支撑作用，实施事前预防、事中救助、事后保障，持续巩固脱贫成果，牢牢守住不发生规模性返贫的底线。

二、持续推动特殊群体稳定脱贫不返贫

深化电子健康卡普及与融合应用，实现医疗卫生健康服务"一卡通"，对识别的困难群体及时开展医疗救助。完善农村留守儿童和困境儿童、留守老人、留守妇女信息台账，强化信息动态管理，通过低保申请、教育补贴、提供公益岗位等方式实施帮扶。深入开展巾帼电子商务技能培训班，提升网络经营管理技巧，增强创业就业本领，推动脱贫妇女持续增收，防止返贫。持续推进残疾人康复、教育、就业、社保等数据部门间共享，加大对残疾人帮扶力度，对符合条件的残疾人实行政策性保障兜底，组织残疾人接受互联网就业技能培训，鼓励有能力的残疾人通过互联网实现就业。

三、以数字化助力深化东西部协作

围绕产业合作、人才培训、劳务协作、电子商务、远程医疗等领域建立

东西部协作项目数据库,积极推进西部地区与东部地区项目供需精准对接,用好帮扶资金、落实配套资金,推动项目落地落实。加大数字化管理,细化协作举措,推动建立信息共享机制、精准对接机制、沟通协调机制和监督管理机制。

参考文献

[1] 周清波，吴文斌，宋茜.数字农业研究现状和发展趋势分析[J].中国农业信息，2018，30（1）：1-9.

[2] KUMBHAKAR S C，TSIONAS E G，SIPILAEINEN T .Joint estimation of technology choice and technical efficiency： an application to organic and conventional dairy farming[J]. Journal of Productivity Analysis，2009，31(3)：151-161.

[3] 钟文晶，罗必良，谢琳.数字农业发展的国际经验及其启示[J].改革，2021（5）：64-75.

[4] 李凌汉，刘金凤.政策—技术双元驱动：数字农业生成路径及其内在逻辑探究——基于山东省 30 个典型案例的定性比较分析[J].公共治理研究，2023，35（3）：68-77.10.

[5] 周恩宇，赵浪.中国数字农业发展的区域差异、时空特征与驱动因素识别[J].四川农业大学学报，2024，42（1）：215-223.

[6] 蒋团标,何金盛.农业强国视域下数字农业与乡村振兴耦合协调及空间分异分析[J/OL].农林经济管理学报：1-12[2024-06-05 11：44].

[7] 曹菲.数字农业缩小城乡收入差距机制与实证[J].区域经济评论，2023(3)：80-89.

[8] 闫广实.农村电商发展对乡村经济韧性的影响机制研究[J].商业经济研究，2024（11）：101-104.

[9] GEORG SIMMEL.The Philosophy of Money[M].London：Routledge，1950.

[10] MORTON DEUTSCH. Trust and Suspicion[J]. Journal of Conflict Resolution，1958，Vol.2，No.4，pp.265-279.

[11] 尼克拉斯·卢曼.信任：一个社会复杂性的简化机制[M]. 瞿铁鹏，李强，译. 上海：上海人民出版社，2005.

[12] 何佳晓，王胜.电商平台农产品经营主体信用评价指标体系构建研究[J].

征信，2020，38（8）：53-59.

[13] 熊雪，朱成霞，朱海波.农产品电商直播中消费者信任的形成机制：中介能力视角[J].南京农业大学学报（社会科学版），2021，21（4）：142-154.

[14] 贾超.共同富裕背景下农村电商发展对农民收入影响实证研究[J].商业经济研究，2023（7）：88-91.

[15] 宫中怡，姜克银.农村电商助力乡村振兴发展研究[J].农业经济，2022（11）：131-134.

[16] 王小莉.农村电商助推科技振兴乡村作用机制研究[J].价格理论与实践，2023（2）：166-169+204.

[17] 白丽.电商平台中商品定制化程度对消费评价行为的影响分析[J].商业经济研究，2021（16）：53-56.

[18] 郭朝先，苗雨菲.数字经济促进乡村产业振兴的机理与路径[J].北京工业大学学报（社会科学版），2023，23（1）：98-108.

[19] 林毅夫.金融改革要关注五个问题[N].经济参考报.[2014-3-17].

[20] 王馨.互联网金融助解小微企业融资困境——基于"长尾理论"分析[J].征信.2014（3）：5-7.

[21] 田霖，郭梦琪.数字普惠金融发展缓解融资约束研究——基于涉农企业的实证分析[J].重庆大学学报（社会科学版），2023，（9）：1-16.

[22] 刘亚娴，艾世杰，邢晟.数字普惠金融对农业企业高质量发展的影响及作用路径研究[J/OL].河南农业大学学报：1-14[2024-05-30 11：55].

[23] 谭前进，蔡甜甜，唐紫杰.数字普惠金融是否赋能农业高质量发展？——基于中国省级面板数据的经验证据[J].管理现代化，2023，43（6）：30-38.

[24] 李锦，李明亮，蒲娟，等.数字普惠金融对粮食产业高质量发展的影响——基于中介效应与门槛效应分析[J/OL].新疆农垦经济：1-14[2024-05-11 13：21].

[25] 韩锦绵，李嘉莉，白雄.数字普惠金融、数字基础设施建设和农村产业融合[J].农村金融研究，2023（11）：70-80.

[26] 邵光学.中国共产党百年农村生态文明建设回溯考察与历史经验——学习贯彻党的十九届六中全会精神[J].农村经济,2022(5):11-19.

[27] 张董敏,齐振宏.农村生态文明水平评价指标体系构建与实证[J].统计与决策,2020,36(1):36-39.

[28] 杜强.新时代我国农村生态文明建设研究[J].福建论坛(人文社会科学版),2019(11):179-184.

[29] 司林波.农村生态文明建设的历程、现状与前瞻[J].人民论坛,2022(1):42-45.

[30] 费威,安芷萱.农村数字经济与农业绿色发展的耦合协调研究[J/OL].农林经济管理学报:1-11[2024-03-15 08:41].

[31] 曾俊霞.互联网的不同使用对职业农民病虫害绿色防控技术采纳的影响——基于全国2544名农民的调查数据[J].湖南农业大学学报(社会科学版),2023,24(3):35-44.

[32] 李晓静,陈哲,刘斐,等. 参与电商会促进猕猴桃种植户绿色生产技术采纳吗?——基于倾向得分匹配的反事实估计[J].中国农村经济,2020(3):118-135.

[33] 李家辉,陆迁.数字金融对农户采用绿色生产技术的影响[J].资源科学,2022,44(12):2470-2486.

[34] 张琳,李全新.设施蔬菜绿色生产技术采纳影响因素与经济效益研究——以河北省定兴县为例[J].中国农业资源与区划,2023,44(3):96-108.

[35] 喻立凡,曹大宇,廖冰.生计资本、生态认知对农户绿色生产技术采纳意愿的影响研究[J/OL].中国农业资源与区划:1-15[2024-01-31 13:48].

[36] 刘晓芬,崔登峰,王润.特色农产品品牌营销策略研究[J].农业经济,2013(12):121-122.

[37] 王文龙.中国地理标志农产品品牌竞争力提升研究[J].财经问题研究,2016(8):80-86.

[38] 董银果,钱薇雯.新发展格局下农产品品牌发展路径研究——基于农产品质量投入的视角[J].中国软科学,2022(8):31-44.

[39] 王建明, 杨澜. 绿色信息载荷量对绿色品牌信任的影响[J]. 管理学刊, 2023, 36 (2): 44-60.10.19808/j.cnki.41-1408/f.2023.0014.

[40] 陈雨生, 吉明, 赵露, 等. 基于扎根理论的海水稻大米绿色品牌培育模式与策略研究[J]. 农业经济问题, 2019 (3): 19-27.

[41] 赵晓华, 岩甾. 绿色农产品品牌建设探析——以普洱市为例[J]. 生态经济, 2014, 30 (11): 93-96.

[42] 彭新慧, 闫小欢. 互联网使用对苹果种植户绿色生产技术采纳行为的影响[J]. 北方园艺, 2022 (17): 147-153.

[43] 倪学志, 于晓媛. 耕地轮作、农业种植结构与我国持久粮食安全[J]. 经济问题探索, 2018, No.432 (7): 78-88.

[44] 蒋团标, 钟敏, 马国群. 数字经济对农业绿色全要素生产率的影响——基于土地经营效率的中介作用分析[J]. 中国农业大学学报, 2024, 29 (4): 27-39.

[45] 郭海红, 刘新民. 数字乡村建设能否通过缓解资源要素错配程度提升农业绿色全要素生产率[J]. 宁夏社会科学, 2023 (5): 107-117.

[46] 杜建军, 章友德, 刘博敏, 等. 数字乡村对农业绿色全要素生产率的影响及其作用机制[J]. 中国人口·资源与环境, 2023, 33 (2): 165-175.

[47] 吴良镛. 人居环境科学导论[M]. 北京: 中国建筑工业出版社, 2001.

[48] 陈浩天, 李金城. 区域差异、绩效差距与农村人居环境治理效能评价——来自全国30个省份的经验证据[J]. 农村经济, 2024 (4): 68-76.

[49] 许敬辉. 农村人居环境评价指标体系构建与实证[J]. 统计与决策, 2023, 39 (19): 97-101.

[50] 沙垚. 乡村文化治理的媒介化转向[J]. 南京社会科学, 2019 (9): 112-117.

[51] 高榕蔚, 董红. 数字赋能农村人居环境治理的社会基础与实践逻辑[J]. 西北农林科技大学学报（社会科学版）, 2023, 23 (1): 12-20.

[52] 张云生, 张喜红. 元治理视域下农村人居环境治理复杂性困境的破局[J]. 湖湘论坛, 2023, 36 (5): 56-66.

[53] 贾文龙. 数字赋能农村人居环境治理的价值意蕴、偏差审视及优化路径研

究[J].河南社会科学，2024，32（1）：97-108.

[54] 张诚，刘旭.农村人居环境数字化治理：作用机理、现实挑战与优化路径[J].现代经济探讨，2023（5）：109-118.

[55] 曹海晶，杜娟.农村人居环境治理数字化平台建设的三个维度[J].理论探索，2022（2）：71-78.

[56] 姚翼源，方建斌.大数据时代农村生态治理的现代化转型[J].西北农林科技大学学报（社会科学版），2021，21（2）：50-56.

[57] 石文祥，赵潜.乡村振兴背景下新时代农村思想道德建设的构建[J].云南农业大学学报（社会科学），2019，13（5）：1-6.

[58] 包艳君.乡村振兴战略下农村思想道德建设的载体设计条件探析[J].智慧农业导刊，2023，3（18）：74-77.

[59] 刘玉堂，高睿霞.乡村振兴战略背景下乡村公共文化空间重构研究[J].江汉论坛，2020（8）：139-144.

[60] 孔华.数字赋能乡村文化振兴：机理、困境、路径[J].福州党校学报，2022（5）：12-17.

[61] 刘镇，周柏春.数字赋能乡村文化振兴的推进路径[J].长春市委党校学报，2022（1）：59-63.

[62] 马梅.数字媒介时代涉农纪实影像的记忆保存与文化弥合[J].现代传播（中国传媒大学学报），2023，45（3）：111-117+150.

[63] 张荣.从三农短视频看数字乡村的空间生产与文化激活——以"含山汤猫子"短视频为例[J].河北学刊，2022，42（4）：169-176.

[64] 朱飞虎，钱帆帆，张晓锋.乡村文化振兴视域下三农短视频的媒介图景、核心价值与提升路径[J].当代电视，2022（9）：81-85.

[65] 安楠.乡村振兴背景下农村直播电商助力乡村文化振兴路径研究[J].现代农业研究，2023，29（8）：41-43.

[66] 陈志娟，李治.传承非物质文化遗产助推乡村振兴发展对策研究[J].农业经济，2022（5）：65-67.

[67] 王振艳，李佳蕊.非遗赋能乡村振兴的机能、机理及政策供给机制[J].学

术交流，2023（9）：159-172.

[68] 许鑫，张悦悦.非遗数字资源的元数据规范与应用研究[J].图书情报工作，2014，58（21）：13-20+34.10.13266/j.issn.0252-3116.2014.21.002.

[69] 翟姗姗，刘德印，许鑫.抢救性保护视域下的非遗数字资源长期保存[J].图书馆论坛，2019，39（1）：9-15.

[70] 朱佳慧，常娥.非遗数字媒体资源本体模型构建研究[J].数字图书馆论坛，2022（6）：14-21.

[71] 郭倩倩，张慧茹，王跳琴，等.乡村振兴战略下基于"互联网+文化IP"的少数民族非遗文化活态传承闭环模式研究——以宁夏回族为例[J].智慧农业导刊，2023，3（17）：37-40.

[72] 袁臣辉，李奇.基于乡村振兴的非遗数字化活态传承[J].中国农业资源与区划，2024，45（2）：190+200.

[73] 刘中华，焦基鹏.元宇宙赋能数字非遗的场域架构、关键技术与伦理反思[J].浙江大学学报（人文社会科学版），2023，53（1）：19-29.

[74] 于晓斐.数字乡村建设对农村公共文化服务均等化的影响与作用机制[J].图书馆界，2022（1）：81-84.

[75] 陈瑜.新时代农村公共文化服务可及性提升研究：体系分析与实践向度[J].图书馆，2023（7）：1-9.

[76] 冯献，李瑾，崔凯.移动互联视域下乡村公共文化服务可及性框架与评价——以10个数字乡村试点县为例[J].图书馆，2022（10）：84-90.

[77] 许传洲，李国辉，滕皓.乡村振兴背景下农村公共文化服务建设的提升路径[J].农业经济，2024（2）：64-66.

[78] 杨芳，王晓辉.数字赋能农村公共文化服务供需契合作用机理研究——基于扎根理论的质性研究[J].图书与情报，2021（1）：62-69.

[79] 王锰，蒋琳萍，郑建明.乡村公共数字文化服务中用户信息规避行为研究[J].国家图书馆学刊，2020（6）：74-89.

[80] 王锰，华钰文，陈雅.S-O-R理论视角下东部地区乡村公共数字文化服务用户流失行为研究[J].图书馆杂志，2022，41（2）：36-46.

[81] 韩兆柱，杨洋.整体性治理理论研究及应用[J].教学与研究，2013（6）：80-86.

[82] 张玉磊.整体性治理理论概述：一种新的公共治理范式[J].中共杭州市委党校学报，2015（5）：54-60.

[83] 陈弘，冯大洋.数字赋能助推农村公共服务高质量发展：思路与进路[J].世界农业，2022，（2）：55-65.

[84] 汤资岚.数字化转型下农村公共服务整体性供给：思路与进路[J].农林经济管理学报，2022，21（1）：120-126.

[85] 谢秋山，陈世香.中西部农村公共服务数字化转型面临的挑战及其应对[J].电子政务，2021，（8）：80-93.

[86] 蒋士会，孙杨.数字化转型之下的乡村教育现代化：价值、蓝图和策略[J].当代教育论坛，2023，（5）：89-97.

[87] 李建珍，李东明.数字技术赋能城乡义务教育一体化发展路径研究——数字技术促进乡村教育高质量发展[J].电化教育研究，2024，45（3）：39-45.

[88] 王红，赵锁劳，张岳，等.数字乡村建设背景下高素质农民培训探究与实践[J].南方农业，2022，16（8）：173-175.

[89] 徐剑锋.新型农村合作医疗信息系统的设计及应用[J].电子世界，2015（19）：134-136.

[90] 李亚子，虞昌亮，吴春艳，等.新型农村合作医疗与城镇居民基本医疗保险制度整合中信息系统整合技术路线研究[J].中国卫生经济，2017，36（1）：34-36.

[91] 吕思雨，马骋宇，杨彦彬，等.农村居民对远程医疗的使用意愿影响因素研究[J].中国医院管理，2024，44（4）：51-55.

[92] 丰雨妍，王莹，邱婷，等.农村居民互联网医疗服务"数字鸿沟"弥合机制探究[J].岳麓公共治理，2023，2（2）：96-112.

[93] 王锋，张兆庭.农村数字化公共卫生服务体系建设的推进路径[J].理论探索，2023（2）：87-94.

[94] 聂平平，黄文敏.势能下沉与动能转化：党建引领乡村治理的实践图景—

——一项质性元分析[J].上海行政学院学报，2024，25（2）：4-16.

[95] 马华，石文杰.论党建引领乡村振兴的中国式现代化道路[J].江苏行政学院学报，2023（2）：90-98.

[96] 陈万莎，陈明明.党建引领乡村治理体系现代化转型的实践路径——以烟台市党建示范区为例[J].探索，2023（4）：100-114.

[97] 姜国俊，袁赞.找回群众与双向赋能：党建引领乡村治理有效的韧性机制——基于C村美丽屋场建设的个案考察[J].南京农业大学学报（社会科学版），2024，24（1）：118-131.

[98] 刘锋.数字党建助推基层党组织高质量发展的路径探讨[J].领导科学，2022（3）：146-149.

[99] 刘兴平.基层党建引领新时代乡村治理的逻辑理路[J].人民论坛，2022，（16）：72-74.

[100] 曹银山，刘义强.农村基层数字党建的运作机理与路径优化[J].理论月刊，2023（6）：80-88.

[101] 谢志燕.新技术条件背景下的"智慧党建"构建[J].安徽工业大学学报（社会科学版），2023，40（5）：95-97.

[102] 曹银山，刘义强.多维交互型平台：有效驱动村民自治的数字技术类型及机理[J].华中农业大学学报（社会科学版），2023（4）：103-112.

[103] 何阳，高小平.迈向技术型自治：数字乡村中村民自治空间转向的社会建构[J].内蒙古社会科学，2022，43（6）：155-162.

[104] 张琦，鲁煜晨，孔梅.数字赋能基层治理法治化：模式嬗变与机制设计[J].中国浦东干部学院学报，2024，18（1）：120-127.

[105] 王黎黎，唐文丹.数字经济时代法治乡村振兴问题研究[J].现代农业研究，2022，28（11）：81-85.

[106] 赵紫燕，许汉泽.数字化积分何以再造乡风文明——对H县"道德积分制"的案例考察[J].湖南社会科学，2024（3）：126-137.

[107] 马静，张继良.完善中国特色乡村治理体系[N].中国社会科学报，[2023-10-8].

[108] 毛一敬.构建乡村治理共同体：村级治理的优化路径[J].华中科技大学学报（社会科学版），2021（4）：56-63.

[109] 张洪昌，冯天浩.积极构建数字乡村治理共同体[N].中国社会科学报.[2023-3-22].

[110] 沈艳.数字技术赋能下"三治融合"乡村治理体系优化路径研究[J].邢台学院学报，2023，38（3）：59-63.

[111] 陶姗姗.数字赋能下优化"三治融合"乡村治理体系探析[J].领导科学论坛，2024（5）：111-114.

[112] 沈费伟，陈晓玲.保持乡村性：实现数字乡村治理特色的理论阐述[J].电子政务，2021（3）：39-48.

[113] 邓晓军，吴淑嘉，邹静.数字经济、空间溢出与农民收入增长[J].财经论丛，2024（3）：5-15.

[114] 曾亿武，张增辉，方湖柳，等.电商农户大数据使用：驱动因素与增收效应[J].中国农村经济，2019（12）：29-47.

[115] 曾妍，赵旭，段跃芳.电商价值链更新对水库农村移民增收的影响研究——基于三峡库区首县秭归的分析[J].农业经济问题，2023（1）：131-144.

[116] 展进涛，周静鑫，俞建飞.汇聚涓涓细流：农村电商的收入效应与溢出效应研究——基于全国1809个县的证据[J].南京农业大学学报（社会科学版），2024，24（2）：136-147.

[117] 张岳，张博.数字治理下农民收入增长与收入分配效应[J].华南农业大学学报（社会科学版），2024，23（1）：63-75.

[118] 石虹，宋扬.乡村振兴背景下数字普惠金融赋能农民增收的路径研究[J].贵州社会科学，2024（4）：153-160.

[119] 乔欢欢.农产品电商集聚对城乡居民收入差距影响研究——基于互联网信息化的中介效应检验[J].商业经济研究，2022（7）：90-93.

[120] 张良，徐志明，李成龙.农村数字经济发展对农民收入增长的影响[J].江西财经大学学报，2023（3）：82-94.

[121] 孟亦佳.认知能力与家庭资产选择[J].经济研究,2014,49(S1):132-142.

[122] 李昭楠,王泽仙,刘七军.乡村振兴背景下金融素养促进农户增收效应机制及时空差异——基于理财方式中介效应视角[J].甘肃行政学院学报,2022(4):78-89+102+127.

[123] 于潇,韩帅.中国老年人参与互联网金融影响因素研究——以理财产品为例[J].西北人口,2022,43(1):116-126.

[124] 方小林.扩大内需背景下农村电商发展对共同富裕实践的推动效应——基于收入差距和消费差距双重视角[J].商业经济研究,2023(1):71-74.

[125] 尹志超,吴子硕.电商下乡能缩小农村家庭消费不平等吗——基于"电子商务进农村综合示范"政策的准自然实验[J].中国农村经济,2024(3):61-85.

[126] 郑晶玮,邱毅.促进我国农村消费电商发展的对策研究[J].农业经济,2022(5):131-132.

[127] 王刚贞,刘婷婷.数字普惠金融对农村居民消费的异质性影响研究[J].山西农业大学学报(社会科学版),2020,19(5):74-83.

[128] 黎翠梅,周莹.数字普惠金融对农村消费的影响研究——基于空间计量模型[J].经济地理,2021,41(12):177-186.

[129] 姜慧,魏建国.数字普惠金融与我国农村居民消费研究——基于信贷供给的中介效应分析[J].武汉理工大学学报(社会科学版),2024,37(01):88-95+124.

[130] 张涛,刘晶.农村电商发展影响农民消费倾向的因素研究[J].商业经济研究,2017(18):36-38.

[131] 张正荣,杨金东.乡村振兴视角下农村电商如何优化"工业品下行"路径——基于"双链"耦合机制的扎根研究[J].农业经济问题,2019(4).

[132] 汪亚楠,徐枫,叶欣.数字乡村建设能推动农村消费升级吗?[J].管理评论,2021,33(11):135-144.

[133] 冯富帅.农村电商发展对农民消费升级的渠道效应检验[J].商业经济研究,2020(23):133-135.

[134] 李丽丽，赵婉华.乡村振兴视域下电商产业集聚对农村消费升级的影响[J].商业经济研究，2023（7）：92-95.

[135] 刘明辉，卢飞.平台型电商普惠能否提振农村居民消费?——来自中国淘宝村的证据[J].管理评论，2023，35（9）：155-168+193.

[136] 斯丽娟，王超群.数字基础设施建设对农村居民收入不平等的影响效应研究[J].求是学刊，2024，51（3）：62-78.

[137] 邓荣荣，吴云峰.数字基础设施建设对农村居民收入的影响效应[J].首都经济贸易大学学报，2023，25（1）：21-35.

[138] 陈明生，王乾坤.数字基础设施的家庭收入效应——基于中国家庭金融调查（CHFS）的实证研究[J].湘潭大学学报（哲学社会科学版），2024，48（2）：46-53.

[139] 王亚飞，黄欢欢，石铭，等.新型基础设施建设对共同富裕的影响机理及实证检验[J].中国人口·资源与环境，2023，33（9）：192-203.

[140] 陈龙，赵华平，孟宏玮.数字基础设施建设对共同富裕的影响研究[J].工业技术经济，2024，43（6）：120-129.

[141] 唐要家，陈燕.数字基础设施缩小城乡收入差距的效应研究[J/OL].广西师范大学学报（哲学社会科学版）：1-13[2024-05-11 13：02].

[142] 李琬，张国胜.跨越"数字鸿沟"的数字基础设施建设供给政策研究[J].当代经济管理，2022，44（11）：24-30.

[143] 傅晨.基本实现农业现代化：涵义与标准的理论探讨[J].中国农村经济，2001（12）：4-9+15.

[144] 周天勇，田博.新形势下我国人口与粮食安全战略思考[J].中国经济评论，2021（7）：36-40.

[145] 王耀宗，牛明雷.以"数字乡村"战略统筹推进新时代农业农村信息化的思考与建议[J].农业部管理干部学院学报，2018（3）：1-8.

[146] 曾亿武，宋逸香，林夏珍，等.中国数字乡村建设若干问题刍议[J].中国农村经济，2021（4）：21-35.

[147] 郝亚光，张琦，王玉斌，等.专题研讨：我国城乡公共服务设施建设现

状、问题及对策建议[J].国家治理，2024（3）：59-67.

[148] 韩璐，陈松，梁玲玲.数字经济、创新环境与城市创新能力[J].科研管理，2021，42（4）：35-45.

[149] 金灿阳，徐蔼婷，邱可阳.中国省域数字经济发展水平测度及其空间关联研究[J].统计与信息论坛，2022，37（6）：11-21.

[150] 杨玉敬.数字经济与乡村振兴耦合协调发展水平研究[J].技术经济与管理研究，2022，No.312（7）：14-19.

[151] 徐雪，王永瑜.中国乡村振兴水平测度、区域差异分解及动态演进[J]. 数量经济技术经济研究，2022，39（5）：64-83.

[152] 李翔，宗祖盼.数字文化产业：一种乡村经济振兴的产业模式与路径[J].深圳大学学报（人文社会科学版），2020，37（2）：74-81.

[153] 王瑞峰，李爽.涉农电商平台助力乡村产业数字化转型的实践逻辑[J].现代经济探讨，2022（5）：123-132.

[154] 田霖，张园园，张仕杰.数字普惠金融对乡村振兴的动态影响研究——基于系统 GMM 及门槛效应的检验[J].重庆大学学报（社会科学版），2022，28（3）：25-38.

[155] 何雷华，王凤，王长明.数字经济如何驱动中国乡村振兴？[J].经济问题探索，2022（4）：1-18.

[156] 张蕴萍，栾菁.数字经济赋能乡村振兴：理论机制、制约因素与推进路径[J].改革，2022（5）：79-89.

[157] 梁晓贺，周爱莲，远铜，等.基于区块链的农业面源污染治理信息管理及监管机制创新[J].农业环境科学学报，2023，42（11）：2541-2549.

[158] 宗梦洁，徐钟婷，代梦琳，等.数字经济助推乡村振兴的研究分析[J].现代农机，2023，No.171（1）：17-19.

[159] 沈费伟.乡村技术赋能：实现乡村有效治理的策略选择[J].南京农业大学学报（社会科学版），2020（2）：1-12.

[160] 张蕴萍，栾菁.数字经济赋能乡村振兴：理论机制、制约因素与推进路径[J].改革，2022（5）：79-89.

[161] 王亚华,李星光.数字技术赋能乡村治理的制度分析与理论启示[J].中国农村经济,2022(8):132-144.

[162] 钟钰,甘林针,王芹,等.数字经济赋能乡村振兴的特点、难点及进路[J].新疆师范大学学报(哲学社会科学版),2023,44(3):105-115.

[163] 徐向龙,侯经川.促进、加速与溢出:数字经济发展对区域创新绩效的影响[J].科技进步与对策,2022,39(1):50-59.

[164] 夏杰长,姚战琪,徐紫嫣.数字经济对中国区域创新产出的影响[J].社会科学战线,2021(6):67-78.

[165] 张文魁.数字经济的内生特性与产业组织[J].管理世界,2022,38(7):79-90.

[166] 任保平,何厚聪.数字经济赋能高质量发展:理论逻辑、路径选择与政策取向[J].财经科学,2022(4):61-75.

[167] 宋保胜,刘保国.科技创新助推乡村振兴的有效供给与对接[J].甘肃社会科学,2020,No.249(6):204-212.

[168] 王子湛,汪义兰.区域创新能力助推乡村治理现代化发展:理论机制与实证检验[J].统计与决策,2024,40(10):80-84.

[169] 翁艺青,黄森慰,黄可扬.环境规制、农户意愿与农村环境治理体系现代化[J].世界农业,2021(11):81-90.

[170] 王力,李兴锋.乡村振兴发展水平的时空演变及多维环境规制的影响效应[J].统计与决策,2022,38(20):63-66.

[171] 廖柳文,高晓路.人口老龄化对乡村发展影响研究进展与展望[J].地理科学进展,2018,37(5):617-626.

[172] 巢红欣.交通基础设施对乡村振兴的影响研究[D].南昌:江西财经大学,2022.

[173] 李平瑞.数字经济、科技创新与绿色发展[J].技术经济与管理研究,2022,No.313(8):46-51.

[174] 范合君,吴婷.新型数字基础设施、数字化能力与全要素生产率[J].经济与管理研究,2022,43(1):3-22.

[175] 李本庆，周清香，岳宏志.数字乡村建设对产业兴旺影响的实证检验[J].统计与决策，2022（17）：5-10.

[176] 杨江华，刘亚辉.数字乡村建设激活乡村产业振兴的路径机制研究[J].福建论坛（人文社会科学版），2022（2）：190-200.

[177] CIOCOIU，CARMEN NADIA.Integrating digital economy and green economy：opportunities for sustainable development[J].Theoretical and Empirical Researches in Urban Management，2011，6（1）：33-43.

[178] 刘俊祥，曾森.中国乡村数字治理的智理属性、顶层设计与探索实践[J].兰州大学学报（社会科学版），2020，48（1）：64-71.

[179] 孙赫，梁红梅，常学礼，崔青春，陶云.中国土地利用碳排放及其空间关联[J].经济地理，2015，35（3）：154-162.

[180] HANSEN B E.Threshold effects in non-dynamic panels： estimation，testing，and inference[J].Journal of Econometrics，1999，93（2）：345-368.

[181] 杜岩，李世泰，杨洋.山东省乡村旅游高质量发展与乡村振兴耦合协调发展研究[J].湖南师范大学自然科学学报，2022，45（3）：22-32.

[182] 李燕凌，温馨，高维新.数字乡村与乡村振兴耦合协调发展的时序适配性分析[J].农业经济与管理，2022，No.74（4）：1-12.

[183] 刘耀彬，宋学锋.城市化与生态环境的耦合度及其预测模型研究[J] .中国矿业大学学报，2005，34（1）：91-96.

[184] 崔潇，王永生，施琳娜.北方农牧交错带人地系统耦合协调的时空特征及障碍因子[J].农业资源与环境学报，2023，40（1）：206-217.

[185] 何佳晓.农村电商物流发展研究[J].全国流通经济，2021（30）：3-5.

[186] 侯约翰，朱一青，朱占峰.农产品电商与物流共生关系演化及协同度评价研究[J].价格月刊，2021（1）：71-79.

[187] 陈思.数字化视角下传统技艺类非遗的传承与创新路径研究——以建窑建盏烧制技艺为例[J].重庆文理学院学报（社会科学版），2024，43（3）：34-43.